J.F. Kennedy e il Vietnam del Sud

MATTEO ISOLA

CAPITOLI

CAPITOLO PRIMO: LO SCENARIO INDOCINESE E IL CAMBIO DELLA GUARDIA

Al termine della seconda guerra mondiale, gli Stati Uniti si rivelarono una superpotenza ben poco riluttante. L'Europa Occidentale era a pezzi e gli USA, smentendo la propria tradizione isolazionista, decisero di porsi a guardia del mondo contro la nuova minaccia del comunismo globale rappresentato prima dall'Unione Sovietica e poi anche dalla Cina. Nel periodo successivo alla guerra, gli Stati Uniti intervennero ripetutamente per influenzare i processi di cambiamento che stavano prendendo piede in tutto il Terzo Mondo; per svariate ragioni, le nazioni in via di sviluppo, molte delle quali emerse dalla fine del dominio coloniale occidentale, diventarono un punto centrale nella competizione sovietica-americana durante gli anni '50 e '60. Infatti gli Stati Uniti riconobbero nelle risorse e nei mercati del Terzo Mondo delle aree essenziali per il benessere dell'economia capitalista mondiale. Inoltre furono portatori di democrazia, di libertà civili, le quali dovevano essere trasportate in tutti gli altri paesi del mondo per l'affermazione del modello americano che si basava sul principio dell'autodeterminazione dei popoli. In aggiunta c'era la volontà di combattere il comunismo con tutti i mezzi possibili, rafforzata dal periodo di isteria dell'era McCarthy durante la metà degli anni '50 in cui vi fu la paura di una possibile presenza di comunisti all'interno dell'amministrazione americana. I fascicoli del senatore Joseph McCàrthy si erano riempiti di accuse secondo cui «la Cia aveva ingaggiato un gran numero di doppiogiochisti, individui che erano in realtà agenti comunisti con la missione di spacciare informazioni inesatte». Se il popolo americano fosse venuto a sapere, nel pieno della paura rossa, che l'agenzia era stata ingannata dai servizi d'intelligence sovietici e cinesi in Europa e in Asia, la CIA ne sarebbe uscita distrutta. Dall'amministrazione Truman fino all'inizio dell'amministrazione Kennedy, l'America si confrontò con l'Unione sovietica in numerosi scenari geopolitici: Iran, Corea, Asia Orientale. Nel processo di orientamento della politica estera statunitense in Asia Orientale durante gli anni '50 presero vita importanti eventi in un contesto in cui gli Stati Uniti furono promotori di una struttura internazionale per lo sviluppo nazionale capitalista. La creazione di questa struttura per la promozione di una economia liberale fu parte di una grande battaglia esistente tra i modelli sovietici e capitalisti di modernizzazione, centrali durante il periodo della guerra fredda.

Ciononostante, per tutto il periodo della guerra fredda la contraddizione che esisté tra quello che gli Stati Uniti promettevano, quindi la difesa anticomunista e la promozione di libertà, e ciò che effettivamente facevano divenne più pronunciata. Determinati processi si svolsero in un periodo in cui gli Stati Uniti dovettero combattere il comunismo che stava guadagnando terreno grazie all'appoggio dell'Unione Sovietica nel terzo mondo; non solo nell'Asia Orientale ma in tutti i continenti si manifestarono nuovi sviluppi che ponevano problemi di fondo interni a ciascun paese e che si rifletterono anche sul piano internazionale. Nel Medio Oriente, durante il 1953, il governo americano supportò il giovane Shah iraniano, Mohammed Reza Pahlavi, ma a Washington la paura che i sovietici potessero usare le agitazioni presenti in Iran per tagliare i rifornimenti di petrolio rimase sempre viva, dal momento che l'oro nero alimentò la ripresa economica in Europa e in Giappone. Le iniziative come quella iraniana o come quella egiziana del 1953-1956 per la questione del canale di Suez, oltre alla questione di come impostare la realizzazione di un sistema di alleanze antisovietico in Medio Oriente, lasciarono trapelare l'impressione che l'intento degli Stati Uniti non fosse quello di dare appoggio al nazionalismo arabo, ma solo quello di sostituire l'imperialismo anglo-francese con uno politicamente più forte.

La situazione in Cina fu un'altra sfida per la politica estera degli Stati Uniti nei primi anni della guerra fredda. Il disgusto americano per la situazione interna in Cina, dopo aver aiutato le forze di Chiang Kai-Shek a prendere il controllo del paese nel 1945, portò ad un problema decisionale che durò fino alla vittoria comunista nel 1949. Il Partito Comunista Cinese fu visto come uno stretto alleato di Mosca e quindi una minaccia non solo per gli obiettivi americani in Cina ma anche per le politiche estere americane nel sud-est asiatico. Con la vittoria comunista in Cina (nel 1949 il governo nazionalista cinese di Chiang Kai-Shek, supportato dagli USA, venne rovesciato dal leader comunista Mao Tse-Tung) e sotto la pressione dell'opinione pubblica interna, i funzionari americani capirono che le politiche retrograde delle colonie europee erano un problema simile a quello delle aspirazioni rivoluzionarie nel Terzo Mondo. Inoltre la nascita della Repubblica Popolare Cinese modificò gli squilibri internazionali e spinse gli Stati Uniti ad intervenire in Asia Orientale, in quanto questa vittoria diede a tutti gli stati neo-indipendenti un motivo in più per sottrarsi alle politiche occidentali e affermare nel proprio paese la propria politica ed identità culturale.

Intervistato dal giornalista Errol Morris che organizzò il materiale nel documentario "Fog of War", Robert Strange McNamara, Segretario alla Difesa durante le amministrazioni Kennedy e Johnson, affermò che: *"Prima di parlare della guerra del Vietnam devo ritornare indietro alla fine della guerra"* (si intendeva la Seconda guerra mondiale). Di conseguenza per spiegare e descrivere gli avvenimenti durante gli anni che coinvolsero il Vietnam nel periodo specificato nell'introduzione di questo libro, e più in generale il sud-est asiatico, vi è una necessità storica e cronologica nell'iniziare da alcuni anni prima per capire perché lo stato del Vietnam si è trovato in quelle condizioni, quali sono stati gli avvenimenti che portarono alla sua divisione, quali attori internazionali erano presenti. Perché più ci si focalizza in un specifico problema, più a fondo bisogna andare e di conseguenza bisogna espandere il soggetto studiato.

La storia del Vietnam è una successione di calamità correlate tra di loro specialmente quelle accadute negli ultimi due secoli; come per i sequel di un film, non si può capire la guerra americana in Vietnam senza guardare e analizzare gli episodi della prima guerra di Indocina, e quindi nessuno può comprendere al meglio il periodo di Diem senza guardare al periodo coloniale francese.

1.1.   *Francia, guerra di liberazione nazionale e accordi di Ginevra*

Mentre la guerra fredda diveniva una realtà, i paesi dell'Europa Occidentale si sforzarono di affrontare l'eredità lasciata dalla seconda guerra mondiale. La Francia subì una rapida e vergognosa sconfitta nel 1940, lasciando le proprie colonie asiatiche facili prede delle aggressioni giapponesi. Nel 1941, infatti, i francesi cedettero il controllo dell'Indocina ai giapponesi, agevolando addirittura l'instaurazione del loro dominio nei paesi che sarebbero diventati il Vietnam, il Laos e la Cambogia. Conclusa la guerra, i francesi ritornarono in Indocina per riprendere possesso dei vecchi territori coloniali attuando la loro politica di riconquista coloniale dell'area, non solo come balsamo per l'orgoglio nazionale ferito, ma per il ragionevole timore che un Vietnam indipendente potesse minacciare la posizione francese nelle colonie dell'Algeria, del Marocco e della Tunisia, molto più importanti da un punto di vista economico. Quando gli Stati Uniti entrarono in guerra contro il Giappone, la situazione in Indocina si complicò perché in Europa gli Stati Uniti erano alleati con le forze della Francia Libera, ma in Indocina i francesi si allearono con i giapponesi. In Vietnam solo un gruppo, una vasta organizzazione nazionalista conosciuta con il nome di Viet Minh, si schierò contro il tentativo della Francia di riappropriarsi delle terre occupate precedentemente; a capo del Viet Minh vi era il carismatico leader Ho Chi Minh, che guidava il partito comunista indocinese. Ho Chi Minh e il suo comandante militare Vo Nguyen Giap sostennero il comunismo e l'indipendenza dal colonialismo francese, e grazie alla sconfitta del Giappone imperiale, prima che qualunque altra nazione alleata (compresa la Francia) potesse subentrare al paese sconfitto, il leader del Viet Minh proclamò la Repubblica Democratica del Vietnam.

Con la ferita ancora aperta, i francesi desideravano riaffermare il loro status di potenza mondiale e a tale scopo si volevano riprendere le colonie perse in Indocina. La conseguenza, nel novembre del 1946, fu lo scoppio della guerra tra i francesi e il Viet Minh, ossia la prima guerra d'Indocina. I francesi si aspettavano di riportare una rapida vittoria contro Ho Chi Minh ma non avevano previsto di trovarsi di fronte ad un nemico così determinato, pronto ad assorbire pesantissime perdite umane pur di protrarre la guerra e attendere che la Francia cedesse.

I francesi non erano economicamente forti per una guerra di logoramento ma per una di breve durata, così nel 1949 la Francia insediò l'imperatore Bao Dai (ultimo sovrano dell'Annam, regione centrale del Vietnam) alla guida di un governo fantoccio e si selezionarono degli individui in grado di sostituirlo: fra questi vi fu Ngo Dinh Diem (personaggio cattolico proveniente da una famiglia di Hue e primo ministro di Bao Dai).

Per i Francesi, la cosiddetta «soluzione Bao Dai» consistette nello stabilire in Vietnam un regime che permettesse di mantenere le posizioni francesi. Ma Bao Dai era intelligente, riuscì a comprendere la forza del nazionalismo e su questa idea operò sulla base dell'unità e dell'indipendenza. L'imperatore negoziò con i francesi ma poiché i coloni francesi non si arresero, lasciò che a Saigon si realizzasse un "governo centrale provvisorio" per capire le vere intenzioni dei francesi e ottenere un trasferimento di funzioni. La popolazione vietnamita doveva essere sollecitata in maniera più efficace per combattere il comunismo e ispirare fiducia nella vittoria di Bao Dai; così la Francia inserì la sua guerra indocinese nel piano strategico statunitense per contenere il comunismo cinese che si stava sempre più diffondendo a causa della vittoria del partito comunista cinese di Mao Zedong. Quindi il Vietnam fu nel sud-est asiatico il bastione del mondo libero contro il comunismo, ma nella città di Saigon furono sempre i francesi a controllare la politica indocinese. I trasferimenti di sovranità che essa concesse nel dicembre 1949 ai tre «Stati associati» (Vietnam, Cambogia, Laos) ne limitarono infatti ancora fortemente la libertà d'azione.

La Francia mise in piedi un governo fantoccio dichiarando l'indipendenza del Laos e della Cambogia; in tutti e tre i nuovi stati, i governi sostenuti dai francesi non riuscirono a mettere radici autonome e la loro condotta conciliante verso le autorità coloniali non poteva essere tale da conquistare neanche l'appoggio dei più moderati tra i nazionalisti.

Il governo francese non poté però schierare una forza militare di migliaia di uomini in quanto ci furono, in primo luogo, delle opposizioni nell'opinione pubblica e, in secondo luogo, per ragioni finanziarie. Per combattere il Viet Minh la Francia ricorse sempre più all'imperatore Bao Dai; dovette reclutare un esercito nazionale vietnamita, che con una forte avversione riuscì a indottrinare contro i comunisti. Tuttavia, all'esercito si ordinò di combattere per l'indipendenza del Paese. A metà del 1953, Ho Chi Minh fece un'apertura ai francesi, suggerendo loro di negoziare direttamente, ma i francesi non tennero in nessun conto le proposte di Ho Chi Minh. In questa fase, nell'agosto 1953 il governo sovietico, che nel conflitto tenne un basso profilo ma che nel contempo fornì al Viet Minh ingenti aiuti militari tramite la Cina popolare, lanciò l'idea di una conferenza internazionale per risolvere le crisi asiatiche in Corea e in Indocina. Per la Casa Bianca il conflitto indocinese mise in discussione l'immagine e la credibilità degli Stati Uniti in tutta l'Asia. In fondo, all'idea di un compromesso si scorse il rischio che, dopo il recupero almeno formale della parità atomica, i Sovietici riuscissero a spingere le cose sino a impostare un dialogo sulla base di una piena ed effettiva parità politica. Per l'URSS, la proposta di risolvere il problema indocinese mediante una conferenza offrì diversi elementi di vantaggio: innanzitutto un successo in relazione all'Indocina che fece emergere i Sovietici come i campioni della lotta contro il colonialismo e una vittoria diplomatica che assicurò ai sovietici un successo condiviso con la Repubblica Popolare Cinese, la cui partecipazione alla conferenza fu necessaria per accrescere il prestigio dei protettori sui protetti. I cinesi furono favorevoli all'ipotesi di una conferenza per molte ragioni: anzitutto la Conferenza gli fece uscire dall'isolamento internazionale nel quale gli Stati Uniti continuavano a tenerli; poi riconobbe di fatto la Cina come potenza indispensabile per mantenere la pace in Indocina nel momento in cui la potenza francese entrò in discussione. Fin qui le ambizioni cinesi furono d'accordo con quelle dell'alleato sovietico; tuttavia la politica cinese fu in contrasto con quella sovietica su una questione fondamentale: per la Cina popolare il Vietnam non fu un elemento periferico della politica mondiale ma un vicino immediato, al quale si prestò aiuto per ragioni geopolitiche ma dal quale per le stesse ragioni si volle prendere le distanze per evitare la nascita di un potere troppo autonomo e prestigioso.

La proposta sovietica fu discussa a Berlino alla conferenza della quattro potenze (Inghilterra, Francia, Unione Sovietica e Cina) del gennaio – febbraio 1954 dove si fissò l'inizio dei lavori per l'aprile dello stesso anno a Ginevra. Con l'annuncio della Conferenza, il Viet Minh intensificò l'offensiva per estendere quanto più possibile la zona sotto il suo controllo in modo da sedersi al tavolo dei negoziati con una posizione di forza.

La prima guerra d'Indocina iniziò nel 1946 e si concluse nel 1954 quando le truppe Viet Minh si lanciarono all'attacco della postazione nemica francese a Dien Bien Phu il 13 marzo 1954. In questo punto cruciale in una remota zona nord occidentale, presso il confine con il Laos, furono presenti importanti unità francesi con l'obiettivo di attirare e sconfiggere il nucleo delle forze regolari della resistenza.

Sotto il profilo militare la mossa del Generale dell'esercito francese Navarre fu certamente accorta poiché intendeva distogliere dai delta densamente popolati le truppe migliori di Vo Nguyen Giap, costringendole a combattere una guerra convenzionale sugli altipiani, spopolati e scarsamente abitati da minoranze etniche estranee alla maggioranza vietnamita delle pianure. Nonostante la resistenza eroica e disperata dei francesi il campo trincerato cadde in mano ai guerriglieri di Ho Chi Minh in quanto le forze della resistenza dimostrarono di aver acquisito una considerevole capacità di manovra e un supporto logistico inaspettati dal nemico. Il 7 maggio la bandiera rossa del Viet Minh fu issata sul bunker di Dien Bien Phu e il governo francese accettò la proposta sovietica di partecipare ad una conferenza di pace a Ginevra nel 1954.

Tra il 26 aprile e il 21 luglio del 1954 si svolse a Ginevra la Conferenza Internazionale che mise fine a due dei più aspri conflitti che si affacciarono sul panorama asiatico in generale; in particolare la fine dei conflitti di Corea e di Indocina. Alla Conferenza ci fu la partecipazione dei rappresentanti dei due blocchi (Francia, Gran Bretagna, Stati Uniti, Unione Sovietica e Cina) oltre alle parti in causa indocinesi, anche se furono esclusi i movimenti di liberazione del Laos e della Cambogia.

A Ginevra, la Francia non ottenne, come sperava, che Cina e Unione Sovietica abbandonassero Ho Chi Minh. Questi due Stati imposero anzi la presenza della RDVN (Repubblica Democratica del Viet Nam) alla conferenza come partecipante a pieno diritto, anche se poi la costrinsero a moderare certe pretese che potevano essere giustificate dalla situazione militare.

Pechino e Mosca, temendo un intervento americano in Indocina, vollero usare qualche riguardo nei confronti della Francia in modo che non fosse sostituita dagli Stati Uniti. Anche se il Viet Minh riportò una schiacciante vittoria sui francesi, e poté contare sul sostegno dell'Unione Sovietica e della Cina, durante i negoziati di Ginevra gli Stati Uniti rimasero fedeli alla dottrina del *containment*. In conclusione, le superpotenze non volevano rischiare un conflitto globale in Vietnam e il 21 luglio venne raggiunto un compromesso accettabile. Il risultato della conferenza di Ginevra furono due accordi: uno dichiarò il cessate il fuoco tra le forze francesi e il Vietminh; mentre in Vietnam la guerra continuava e i guerriglieri conquistavano nuove posizioni avanzando verso il sud del Paese, si istituì una linea di demarcazione militare provvisoria (*Provisional Military Demarcation Line*) più, in aggiunta, una zona demilitarizzata approssimativamente collocata alla latitudine del 17° parallelo, proibendo l'introduzione di truppe militari straniere. Il fatto che la linea di demarcazione fosse fissata lungo quel parallelo rappresentò una sconfitta per il Vietminh poiché fu costretto a ritirare più truppe dalla regione meridionale di quante i Francesi ne ritirarono dal Nord.

L'altro accordo riguardò una Dichiarazione finale di tutti i partecipanti che riconoscevano il patto, ma il punto principale degli aspetti politici dell'accordo fu la decisione secondo la quale, entro due anni si sarebbero fatte delle libere elezioni, controllate da una commissione di armistizio, composta da un rappresentante indiano, uno canadese e uno polacco, per sancire l'assetto definitivo di tutto il Vietnam. Inoltre il confine fra le due zone sarebbe rimasto aperto per 300 giorni per consentire alle persone di spostarsi a loro piacimento, e gli Accordi specificarono che la divisione del Vietnam non doveva intendersi di natura politica né permanente.

Tuttavia gli accordi di Ginevra divisero il Paese in due "Stati temporanei"; a Sud si formò la Repubblica del Vietnam con capitale Saigon, dove rimase al potere il regime dell'ex imperatore Bao Dai e dal suo nuovo primo ministro cattolico Ngo Dinh Diem, e a Nord il governo della Repubblica Democratica del Vietnam ritornò ad Hanoi nell'ottobre del 1954 sotto il controllo del Viet Minh; il Viet Minh però, consapevole del contesto internazionale, creò rappresentanze politiche del partito anche a sud. Con la divisione in due del Paese, al sud ci furono delle profonde trasformazioni economiche e sociali: cominciarono a peggiorare le condizioni dei singoli villaggi dovute a un aumento delle tasse, alla privatizzazione delle terre e all'eliminazione delle terre comunali (cioè quel tipo di terreno dato in concessione ai contadini per produrre i propri beni di sussistenza), di conseguenza privatizzando e/o togliendo le terre si portò sul lastrico numerose famiglie dei villaggi che si spostarono verso il nord. Durante la guerra le alluvioni, i bombardamenti e le carestie peggiorarono la situazione;

molte delle terre comunali vennero riaffittate ai contadini con una clausola abbastanza pesante la quale obbligò il contadino a dare il 50% del loro raccolto oltre alle tasse e al mantenimento personale, quindi come si può ben capire, la situazione interna del Vietnam fu molto instabile e bastava un'ulteriore scintilla per portare il caos e il panico nella popolazione. Una dichiarazione unilaterale del governo del Vietnam del Sud, costituitosi il 4 giugno e riconosciuto dal governo francese, protestò contro molte clausole dell'armistizio durante lo svolgimento della conferenza di Ginevra, definite senza che esso fosse stato interpellato, e affermò di riservarsi piena libertà di azione per quanto riguardava la scadenza prevista per la data delle elezioni. La Francia si ritirò dal Vietnam lasciando gli Accordi in mano al governo di Saigon che in quel momento fu in mano all'imperatore Bao Dai con a fianco il primo ministro Ngo Dinh Diem; la pace duratura avvenne tra la Francia e il Viet Minh, ma la profonda lotta per un Vietnam unito e indipendente rimase viva e le implicazioni internazionali e i pericoli crebbero a dismisura. Durante la Conferenza il rappresentante cinese, Chu En-Lai, ebbe fondamentalmente altri due obiettivi: trovare una soluzione che togliesse agli Stati Uniti ogni pretesto di intervenire nella regione, minacciando in tal modo la Cina, e scoraggiare la nascita di una grande potenza, anche comunista presso il proprio confine meridionale. Negli accordi firmati ci fu la pretesa di condurre delle elezioni libere fissate per l'estate del 1956 e ognuno dei due governi – Saigon e Hanoi – doveva permettere a ogni abitante del Vietnam di decidere liberamente in quale zona vivere; nessuna delle due parti doveva riunire l'altra con la forza militare e sul rispetto degli accordi avrebbe vigilato un'apposita commissione, l'International Control Commission (ICC). Questa commissione però non venne mai impiegata nel processo di vigilanza delle elezioni tant'è che al momento delle elezioni l'amministrazione americana, o meglio, funzionari americani residenti in Vietnam, fuorviarono la popolazione consigliando di votare il primo ministro Diem e attraverso dei brogli elettorali la vittoria fu scontata. Ormai il vaso di Pandora che conteneva tutti i mali e le ingiustizie avvenute fino a quel momento fu scoperto e nessuno al mondo avrebbe potuto fermare l'ira, la furia e la pazzia dell'uomo che si scontrò in quel Paese.

1.2. La politica statunitense nel territorio indocinese

Conclusa la seconda guerra mondiale, gli Stati Uniti non volevano che la Francia andasse in Indocina perché gli ufficiali americani osservarono come il nazionalismo vietnamita stesse crescendo e un tentativo di riappropriarsi dei propri domini coloniali avrebbe fatto nascere una guerra sanguinosa con la conseguente instabilità dell'intera area; quando la Francia decise di riappropriarsi delle proprie colonie, agli americani non restò altro da fare che appoggiare i francesi per combattere il comunismo. Nei primi anni '50 l'assistenza di Washington alla Francia per il dominio coloniale in Indocina diventò un importante aspetto del contenimento del comunismo nel sud-est asiatico; con la dottrina Truman, la quale prometteva di aiutare tutti i popoli liberi che volevano opporsi a minoranze armate e al comunismo, si contribuì al primo coinvolgimento americano in Vietnam. Il Presidente Truman tentò, così, di aiutare la scommessa francese di tenersi strette le proprie colonie in Indocina rifornendo le truppe francesi con equipaggiamento e consiglieri militari, allo scopo di combattere Ho Chi Minh e i rivoluzionari comunisti.

Ad un primo impatto le affermazioni fatte finora potrebbero cadere in contraddizione, nel senso che gli Stati Uniti, da una parte, furono a favore del principio di autodeterminazione dei popoli ma, dall'altra, supportarono il colonialismo francese in Indocina; ciò non significa che gli americani emergessero nel nuovo contesto della guerra fredda come una potenza coloniale che estendeva il suo dominio in Vietnam ma ebbero il dovere di sostenere i francesi economicamente e di comportarsi in questo modo perché:

- stavano combattendo il comunismo (obiettivo principale americano);

- la Francia stava perdendo terreno in questa lotta e quindi a maggior ragione bisognava aiutarla per mantenere i propri obiettivi strategici;
- una volta fatto ciò gli americani avrebbero preso il posto francese, abbandonando la spinta coloniale e concentrandosi nel costruire uno Stato bastione contro il comunismo che potesse essere da molla per tutti gli altri paesi del sud-est asiatico;

Il primo sostegno americano alla Francia per la riconquista del Viet Nam si fondava sulle preoccupazioni in merito alla ripresa francese. Con il trionfo di Mao in Cina e con la Guerra di Corea scomparve la differenza tra coloro che misero l'Europa davanti a tutto e quanti si preoccuparono del resto del mondo; ora aiutare la Francia a conservare la sua colonia indocinese significò combattere il comunismo. All'inizio delle ostilità l'amministrazione Truman rifornì i francesi solo con aiuti finanziari e militari; furono prestate navi, aerei, armi e con il Piano Marshall la Francia utilizzò le risorse e gli aiuti provenienti dal Piano verso la guerra d'Indocina.

Nel 1951, gli USA continuarono ad inviare rifornimenti ai francesi perché preoccupati della non buona riuscita della guerra in Indocina e vi fu la fermezza di spingere fuori i francesi e di prenderne il posto.

Con l'aiuto degli Stati Uniti, i quali giunsero nel 1953 a pagare i due terzi delle spese di guerra e a tenere in qualche modo in piedi il regime di Bao Dai, la Francia riuscì ad equipaggiare l'esercito da lei creato. Gli americani concessero più indipendenza e libertà d'iniziativa ai vietnamiti, ma in questo modo i nazionalisti di destra si rivolsero sempre più agli americani per ottenere appoggio contro i comunisti, ma anche contro i Francesi perché stanchi della loro occupazione. Dopo il crollo del potere francese nel 1954 nella battaglia di Dien Bien Phu, il ruolo degli Stati Uniti nel Vietnam del Sud fu sempre più accentuato mettendo Washington in relazione con il nazionalismo vietnamita figlio dell'occupazione dei francesi; il comunismo nel sud-est asiatico fu sempre contenuto entro i confini dei possedimenti ex coloniali francesi nella regione, ma lo sforzo degli Stati Uniti nell'edificazione di uno stato nel Vietnam del Sud tra la fine degli anni '50 e l'inizio degli anni '70 fu un puro fallimento.

Tuttavia il governo americano non si impegnò solamente in Vietnam; nel 1953, il nuovo presidente statunitense, Dwight D. Eisenhower, pose fine alla guerra di Corea. Eletto presidente, Eisenhower criticò il suo predecessore per aver trascurato l'America Latina e si impegnò in proposito per una politica più attiva per evitare infiltrazioni comuniste. Nel giugno del 1953 inviò il fidato fratello, Milton Eisenhower, per una missione esplorativa nell'area; al suo ritorno scrisse un rapporto dove sottolineò la necessità di migliorare le relazioni con l'America Latina mediante una politica di collaborazione economica soprattutto nell'America Centrale dove vi era un divario di ricchezza che avrebbe portato a rischi maggiori se non fosse stato controllato.

A tal proposito si accennò all'emergere di un nuovo pericolo: segretamente e silenziosamente elementi comunisti si infiltrarono nel Guatemala dove esercitarono una risolutiva influenza sul governo democratico presieduto da Jacobo Arbenz. Questa valutazione fu resa dal fatto che Arbenz promosse e attuò una politica di riforma agraria sottraendo il controllo dei territori per la produzione di banane alla *United Fruit Company,* una multinazionale statunitense. Eisenhower, convinto che Arbenz fosse egli stesso un comunista o quanto meno sotto controllo dei comunisti, ordinò ai servizi segreti USA, la CIA, di rovesciare il governo e di instaurarne un altro più "accettabile" per gli Stati Uniti.

Stessa cosa capitò al regime iraniano di Mossadeq, dove Eisenhower utilizzò la CIA per rovesciare il suo governo in quanto era convinto che l'Iran, nazione filo-occidentale, stesse spostandosi verso una politica estera filo-sovietica dopo aver nazionalizzato i pozzi di petrolio nel 1951. Infine un altro problema per gli americani fu il territorio laotiano dove la guerriglia del Pathet Lao (venutasi a formare nel 1949 per liberare il Laos dall'imperialismo) si estese e si guadagnò il consenso di alcuni gruppi etnici minoritari; nel 1951 venne stretto un patto di alleanza tra i moviemnti di liberazione del Viet Minh, del Laos e anche della Cambogia. Il Laos aveva un'evidente importanza strategica per gli americani perché se i comunisti avessero guadagnato la valle del Mekong avrebbero potuto realmente intensificare la loro pressione contro il Vietnam Libero controllato dagli USA e la Tailandia.

Come scrive il giornalista John Prados, nel suo libro "Vietnam, History of an unwinnable war", *«se il Laos non era precisamente una porta d'accesso per il cuore del Kansas, lo era invece per tutto il sud-est asiatico»*.

Ma perché il Vietnam? Perché gli Stati Uniti cominciarono ad imporsi fortemente in Vietnam? A queste domande la risposta più semplice ma meno giustificatrice è quella riguardante la paura del comunismo. D'altronde il Vietnam era solamente un paese che produceva poche materie prime, non aveva un'economia importante fino alla scoperta, decenni dopo, di giacimenti petroliferi, e il mercato indocinese non era vantaggioso né redditizio per i prodotti americani. Una cosa, però, fece girare la testa agli uomini di Washington durante l'amministrazione Eisenhower: la posizione strategica del Vietnam utile per isolare Mao dal resto del sud-est asiatico. La vittoria di Mao in Cina offriva ai vietnamiti non solo un alleato ma, per la prima volta, un aiuto diretto. Oltre al riconoscimento formale, i cinesi inviarono attraverso la frontiera una ricca fornitura di armi americane confiscate ai soldati della Cina nazionalista durante la guerra civile. Questo piccolo stato dell'Indocina si adattava perfettamente alla posizione internazionale statunitense; la più chiara direzione nel supportare il Vietnam che potesse servire agli obiettivi americani risiedé nel suo potenziale contributo per isolare la Cina comunista. Washington temeva che una vittoria comunista in Indocina avrebbe destabilizzato l'intero sud-est asiatico; nove anni dopo dalla fine della seconda guerra mondiale, la situazione scivolò drasticamente da male in peggio; fu il momento per il governo degli Stati Uniti di muoversi.

Gli americani, reduci dalla guerra di Corea terminata con una soluzione diplomatica, rimasero titubanti nell'avviare un nuovo intervento militare, anche perché la Cina avrebbe potuto sostenere Ho Chi Minh con il pericolo di ampliare il conflitto. Una delle opzioni per la questione indocinese, secondo gli americani, sarebbe stato un impasse militare creato con un armistizio che divideva temporaneamente i due blocchi contrapposti separando i due governi che si sarebbero creati in modo da limitare i danni. Durante la conferenza di Ginevra Ho Chi Minh ritenne di aver riportato una vittoria completa e si rese conto che avrebbe facilmente vinto le elezioni del 1956 e che la sua affermazione in tutto il Vietnam era solo ritardata di un paio d'anni. Gli Stati Uniti, estremamente infuriati dall'idea di perdere metà Vietnam a favore dei comunisti, si prepararono a stabilire e ad appoggiare un regime indipendente nel Vietnam del Sud a sostegno della linea di contenimento, ma in violazione con gli Accordi di Ginevra. Misero Ngo Dinh Diem, il primo ministro cattolico di Bao Dai, alla guida del nuovo Vietnam del Sud; con il sostegno della CIA, Diem si sforzò di rendere stabile il suo potere e assunse il controllo dell'ARVN (*Army of the Republic of Vietnam - Esercito della Repubblica del Vietnam*), la forza locale di origine coloniale francese. Gli Stati Uniti, inoltre, si rifiutarono di sottoscrivere gli accordi finali che recepivano le intese militari e manifestarono il loro dissenso rispetto al negoziato con la partenza di Dulles da Ginevra nel momento in cui la conferenza affrontò la questione indocinese. Dichiararono unilateralmente di impegnarsi ad astenersi dall'adottare qualsiasi iniziativa militare che potesse turbare l'applicazione degli accordi ma al tempo stesso dichiararono di appoggiare la protesta del governo del Vietnam, per la mancata consultazione che esso aveva deplorato.

Parigi non ebbe dalla sua parte né la forza del diritto né quella delle armi, mentre Washington poté ormai inserire il Vietnam del Sud nella propria sfera di influenza; a Saigon si inaugurò un nuovo assetto politico, orientato verso una stretta alleanza con gli Stati Uniti, decisamente anti-comunista e ostile a qualsiasi intesa con il regime di Hanoi. Gli obiettivi americani furono praticamente due: Washington intendeva escludere la Francia dal Vietnam e prenderne il posto; rafforzare il regime di Diem e, mantenendo il Vietnam diviso, costruire un baluardo anticomunista.

Durante gli anni conclusivi della prima guerra indocinese, gli USA non furono ufficialmente in guerra ma solamente da supporto strategico militare alla Francia e anche negli anni dopo la sconfitta francese. Ufficialmente i funzionari americani furono inviati nello Stato del Vietnam per istruire la popolazione verso un sentimento democratico e filo-occidentale, per eliminare le cellule comuniste del nord che si erano insediate nel sud, e per appoggiare quello che fu il governo del sud del Vietnam di Ngo Dinh Diem, filo-occidentale e fortemente anticomunista che fece da combustibile per la politica estera USA in Vietnam.

La politica estera americana per il sud-est asiatico si focalizzò inoltre nell'organizzazione di difese collettive nel Vietnam del Sud, non alterando lo *status quo* costruito a Ginevra con la separazione del Vietnam in due Stati, attraversati da una zona demilitarizzata. Tra la fine del 1954 e la prima metà del 1955 la Francia si spogliò dell'autorità che ebbe nel Vietnam del Sud: la polizia, il governo locale e poi anche l'esercito del Vietnam furono liberi dal controllo francese e si affidarono al governo di Saigon. Eccetto per l'apparato di indottrinamento francese in Vietnam, entro il luglio del 1956, la Francia ritirò la maggior parte dei propri corpi militari, basi aeree e navali, forze di terra. Quelle poche che restarono nel sud del Vietnam, secondo le stime dei quadri statunitensi a Saigon, non furono utilizzate per fronteggiare il Viet Minh ma furono impiegate come forze di auto-difesa o come parte di un'azione multilaterale occidentale.

Conseguentemente gli Stati Uniti cominciarono ad incanalare direttamente aiuti a Saigon e non più attraverso la Francia; due erano le scelte su cui dovevano concentrarsi gli americani: il supporto a Diem o la presenza francese in Indocina; gli Stati Uniti optarono per la prima. C'è da dire però che senza il governo e l'appoggio di Diem, gli Stati Uniti non avrebbero mai potuto attuare le operazioni politiche in quell'area perché non avrebbero avuto alleati e sarebbero stati circondati da Stati comunisti, primi tra tutti la Cina di Mao e l'Unione Sovietica. Dopo gli accordi di Ginevra del 1954, che divisero il Vietnam con il 17° parallelo, il presidente Eisenhower scrisse una lettera al Primo Ministro Diem promettendo il supporto americano per l'assistenza al governo del Vietnam; sviluppando e mantenendo un stato forte contro ogni tentativo di sovversione, l'obiettivo, secondo il Presidente americano, fu quello di scoraggiare qualsiasi tentativo di imporre un'ideologia traniera a una popolazione libera.

Diem voleva isolare totalmente il Vietnam del Nord in attesa che gli venisse offerta l'occasione di liberarne il territorio; il Vietminh non operò a sud e i comunisti che si trovarono a sud furono colpiti da rappresaglie. I problemi principali del Sud Vietnam furono di natura politica; c'era da costruire una vera nazione: una nazione che fosse capace di conquistare la lealtà e l'appoggio della gente. Per gli Stati Uniti, invece, il problema sudvietnamita fu essenzialmente di carattere militare, e solo quando ormai era troppo tardi gli americani prestarono attenzione alle falle nel sistema sociale politico; i leader americani ritennero che il 17° parallelo doveva essere difeso contro l'espansione del comunismo e ne fecero un problema militare.

Per respingere la paura, più che evidente, che attanagliava l'amministrazione americana, l'8 settembre del 1955 con il Trattato di Manila fu formata la SEATO (South East Asia Treaty Organization) per prevenire l'espansione comunista, e in quegli anni, quando JFK non era ancora diventato presidente, Dwight D. Eisenhower inviò personale militare composto da 700 funzionari sia come aiuto militare che economico al governo del Vietnam del Sud. Inoltre il vice-presidente Nixon durante l'amministrazione di Eisenhower, di ritorno dalla visita in Vietnam nel dicembre del 1953, fece sapere ad una televisione nazionale che:

Se l'Indocina cade, la Tailandia sarà in una situazione, probabilmente, impossibile da risolvere. La stessa cosa si può dire per la Malesia, con le sue gomme e lattine, e per l'Indonesia. Se l'Indocina cadrà sotto la dominazione comunista l'intero sud-est asiatico sarà minacciato e questo significa che la sicurezza militare ed economica del Giappone sarà inevitabilmente anch'essa in pericolo.

Lo stesso Eisenhower in una conferenza stampa dichiarò che la caduta dell'Indocina avrebbe portato con sé la caduta della Birmania, della Tailandia, dell'Indonesia, della Malesia; avrebbe minacciato il Giappone, Formosa, le Filippine, l'Australia e la Nuova Zelanda e in termini economici avrebbe privato «il mondo» dello stagno, del tungsteno e della gomma del sud-est asiatico. Perciò le possibili conseguenze della perdita dell'Indocina per il mondo libero furono, per il Presidente americano, semplicemente incalcolabili.

Durante l'amministrazione di John F. Kennedy (1961-1963), subentrata dopo quella di Eisenhower verso la fine del 1960, e, dopo la morte del Presidente a Dallas il 22 novembre 1963, durante quella del suo immediato successore Lyndon B. Johnson, il coinvolgimento sia economico che militare degli Stati Uniti raggiunse il suo apice. Nel mondo paranoide della Guerra Fredda, Kennedy non poteva veder cadere il Vietnam in mano comunista; ma la guerra in quei luoghi sembrava un orribile gioco d'azzardo con il destino di tutti, in quanto il Vietnam era effettivamente uno stato satellite comunista e quindi esercitare troppa pressione sul Vietnam del Nord poteva significare spingere all'intervento i cinesi, come successe nella guerra di Corea, o arrivare ad un conto alla rovescia come per la crisi a Cuba. Nessuno a Washington voleva una guerra termonucleare in Vietnam e molti ritennero che un effettivo impegno militare contro i vietnamiti del nord potesse sfociare nella terza guerra mondiale. Tuttavia gli USA non potevano utilizzare tutte le loro forze militari, né tentare di ottenere una vittoria contro il nord perché in questo modo il conflitto si sarebbe potuto trasformare in una vera e propria guerra nucleare.

Ciononostante, l'amministrazione Kennedy aiutò economicamente a rafforzare il nuovo governo capeggiato dal primo ministro Diem; come parte fondamentale degli aiuti economici internazionali e dello sviluppo nazionale, il Presidente americano formò l'USAID, l'Agenzia Americana per lo Sviluppo Internazionale, il cui scopo fu quello di amministrare gli aiuti in tutto il mondo e in particolare nel Vietnam del Sud offrendo aiuti economici e assistenza militare al regime di Ngo Dinh Diem per l'affermazione di uno stato-bastione anti-comunista che potesse affermarsi in tutto il sud-est asiatico.

Se i progetti statunitensi nell'affermazione del regime diemista fossero passati facendo sì che tutto il sud-est asiatico diventasse filo-americano o in qualche modo adottasse politiche di avvicinamento a quelle americane si parlerebbe ai giorni nostri e anche immediatamente ai giorni successivi alla fine del conflitto di una *"teoria del domino al contrario"*.

Ripresa dal presidente Kennedy, la teoria del domino (usata precedentemente dalle amministrazioni Truman e Eisenhower) si basò sul fatto che se uno Stato del sud-est asiatico fosse caduto nelle spire del comunismo, tutte le altre nazioni vicine avrebbero fatto lo stesso, cadendo così, come nel gioco del domino, sotto l'influenza comunista; questa teoria spiegò le preoccupazioni del governo USA nella gestione della sua politica estera.

All'inizio del suo mandato, come afferma la giornalista americana Frances Fitzgerald, autrice del libro *"Il Lago in Fiamme"*, il presidente Kennedy si rese subito conto della sproporzione esistente tra i due eserciti, quello americano e quello dei Viet Minh, e, almeno agli inizi, dichiarò che la guerra nel Vietnam richiedeva solo pazienza da parte degli Stati Uniti.

Secondo i servizi segreti dell'esercito USA, nel sud il nemico era poco più di una banda di guerriglieri che disponeva a malapena di un camion con il quale trasportare i fucili di cui erano in possesso. I nordvietnamiti possedevano cannoni antiaerei e ricevevano munizioni con regolarità, ma gli USA, secondo le assicurazioni dei funzionari, potevano mettere fine alla loro resistenza con pochi mesi di intensi bombardamenti. L'incapacità, però, degli Stati Uniti di trasformare il Vietnam del Sud in una versione sud-est asiatica della Corea del Sud, nonostante il massiccio impegno militare ed economico, evidenziò i limiti di Washington nel raggiungere i propri obiettivi attraverso un approccio che non ebbe nulla a che vedere con l'ammodernamento e la costruzione della nazione ma ancora basato su una struttura coloniale. Gli Stati Uniti dichiararono il Vietnam del Sud una nuova nazione, nata nel 1954, e rifiutarono l'idea che in realtà esso fosse parte di uno Stato più antico, la cui lunga lotta per l'indipendenza contro gli invasori stranieri pervadeva l'immaginario sociale e personale di ogni singolo vietnamita. Secondo la scrittrice Marilyn Young, autrice del libro "*Le Guerre del Vietnam*", per i responsabili della politica statunitense la società vietnamita era irrilevante, se non per il fatto che occorreva sopraffarla, modernizzarne le città, urbanizzarne l'arretrata classe contadina, metterne il governo nelle mani di uomini forti, ma non troppo, in modo da poterli rimuovere facilmente se necessario.

In effetti questo è quanto successe negli ultimi mesi del 1963; Diem ormai, non avendo più il controllo della situazione in qualsiasi ambito sia questo politico, sociale o economico, venne rovesciato con un colpo di stato eseguito dall'esercito sudvietnamita e supportato, dopo le grandi incertezze di Kennedy.

Quasi tutti gli storici della guerra americana, compreso il giornalista John Prados, affermano che l'aver supportato il colpo di stato contro il presidente sudvietnamita Ngo Dinh Diem bloccò gli Stati Uniti in una situazione in cui una qualsiasi e remota possibilità di districazione dal Vietnam risultò quasi impossibile. Quindi è giusto chiedersi come JFK, il quale più volte affermò la volontà del disimpegno americano dal paese indocinese, abbia permesso tutto ciò. Davanti ad interpretazioni simili e del comportamento di JFK, il Vietnam è stato perso non per mancanza di coraggio da parte dell'amministrazione americana nell'affrontare un nuovo scenario della guerra fredda, ma da un ulteriore escalation dovuta da un eccesso di coraggio che fece pensare a molti funzionari di adottare una risoluzione del conflitto molto veloce, una sorta di "guerra lampo"; gli stessi Kennedy e Johnson e anche i funzionari della CIA pensarono che il conflitto si potesse risolvere in poche settimane adottando una strategia di bombardamenti a tappeto.

Inoltre come Paul Vann (consigliere di grado elevato di una divisione di fanteria dell'ARVN che operava nel Delta) disse ai giornalisti americani dopo l'episodio di Ap Bac all'inizio del '63 che sancì con evidenza l'effettiva capacità dei vietcong di poter sconfiggere le truppe sudvietnamite addestrate dagli americani:

«Gli USA stanno lentamente perdendo la guerra, nonostante l'ottimismo di cui sono permeati i rapporti inviati da Saigon a Washington; esiste un modo giusto per condurre il conflitto, se solo i funzionari di grado più elevato, militari e civili riuscissero a vederlo».

Gli Stati Uniti crearono il Vietnam del Sud e il suo leader; era quindi chiaro che adesso qualsiasi opposizione a Diem sarebbe stata considerata un atto ostile. «È il nostro cucciolo», disse nel '56 il senatore Jonh F. Kennedy, «e se cadrà vittima di uno qualsiasi dei pericoli che ne minacciano l'esistenza gli Stati Uniti ne saranno ritenuti responsabili e il nostro prestigio in Asia toccherà un nuovo minimo». In realtà ciò a cui gli Stati Uniti avevano laboriosamente dato vita non era un nuovo stato-nazione democratico e indipendente, ma una famiglia autocratica tenuta al potere da una potenza straniera.

1.3.   Stati d'animo, situazione interna ed elezioni

Durante il periodo di transizione, l'esercito francese mantenne una presenza nel sud del Vietnam ma ciò comportò tensioni tra Francia e lo Stato del Vietnam; infatti Diem, un convinto nazionalista, detestava i francesi e chiese la rimozione degli stessi in più occasioni. A quel tempo, Diem possedeva ancora poca autorità oltre le porte del suo palazzo; Bao Dai aveva poca fiducia in lui e gli diede scarso supporto, ma molti storici ritengono che Bao Dai avesse selezionato Diem a causa della sua capacità di attrarre finanziamenti e sostegno dagli Stati Uniti.

Diem affrontò la sfida per l'affermazione della sua autorità con altri quattro gruppi: le sette religiose della Hao Hoa e della Cao Dai, la Binh Xuyen e il Viet Minh. La Hoa Hao e la Cao Dai avevano entrambe eserciti privati che controllavano rispettivamente il Delta del Mekong e le aree occidentali di Saigon.

La Binh Xuyen era un'organizzazione militare con una propria forza armata di 40.000 membri che controllava gran parte della città di Saigon, mentre il Viet Minh controllava ancora gran parte della zona rurale. A favore di Diem vi fu solo l'esercito nazionale vietnamita (VNA), il quale fu guidato dal generale Nguyen Van Hinh, un cittadino francese che detestava e spesso disobbediva agli ordini; come la maggior parte dei suoi colleghi, questo giovane ufficiale di aviazione nutrì ambizioni politiche molto vaghe, infuse in lui da Bao Dai e da alcuni francesi residenti a Saigon e quindi non andò d'accordo con il primo ministro tant'è che Diem silurò immediatamente il comandante in capo. A peggiorare le cose, vi fu la vendita da parte di Bao Dai della licenza dell'esercizio della polizia nazionale alla Binh Xuyen, mettendo così il controllo amministrativo delle forze di polizia nelle mani di un'organizzazione criminale.

Quando giunse a Saigon, mesi prima, Diem non fu accolto con grande entusiasmo: le sette e i proprietari terrieri della Cocincina, a maggioranza buddista, lo odiavano perché di religione cattolica (il Vietnam era ed è tutt'oggi uno Stato fortemente buddista) e perché furono lasciati fuori dal nuovo governo; gli ufficiali e i funzionari vietnamiti lo considerarono un clandestino, in quanto Diem, prima dello scoppio della guerra contro la Francia, decise di lasciare il paese; inoltre i francesi furono irritati contro di lui perché sospettarono che gli Stati Uniti stessero usando Diem per soppiantarli. Saigon era un vero pantano di violenza, di corruzione e di intrighi; la sua atmosfera densa di calore delle paludi misto al fumo dei motori e all'odore disgustoso di vegetali che emanava il fiume di Saigon si accordò perfettamente a questo clima politico. Ormai non c'era nessuno che fosse in grado di mantenere l'ordine e con tutti gli oppositori Diem ebbe un appoggio politico molto labile; tra il crescente scetticismo francese e statunitense sulla sua abilità di fornire regole stabili nel Paese, Diem fu costretto a prendere una decisione nel mese di aprile del 1955. Ordinò alla Binh Xuyen di cedere il controllo della polizia nazionale sotto il suo comando, integrando il VNA, altrimenti in caso di rifiuto avrebbe minacciato di schiacciarli. Cercò, con successo, di corrompere i comandanti della Hoa Hao e della Cao Dai in maniera che aderissero al VNA, mentre altri continuarono a condurre le loro forze contro Saigon. La Binh Xuyen sfidò l'ultimatum di Diem e il 27 aprile il VNA avviò la battaglia a Saigon. La battaglia iniziò a mezzogiorno e dopo un iniziale combattimento con piccole armi da fuoco e colpi di mortaio, l'Esercito Nazionale Vietnamita ricorse a mezzi di artiglieria pesante dal suo arsenale. I colpi di artiglieria e di mortaio causarono nella sera stessa la morte di cinquecento civili lasciandone ventimila senza tetto, oltre che a "livellare" i quartieri più poveri della città. I testimoni oculari dissero, alla fine del combattimento, che entrambi le parti lottarono senza una strategia facendo affidamento solo sulla forza bruta dei loro eserciti; una delle poche manovre degna di essere chiamata strategica fu un tentativo da parte del VNA di tagliare i rinforzi all'esercito della Binh Xuyen demolendo il ponte sul canale di Cholon-Saigon.

Dopo 48 ore di combattimento il VNA cominciò a guadagnare il sopravvento e prese d'assalto una delle roccaforti della Binh Xuyen, la Petrus Ky High School di Cholon. Alla fine la Binh Xuyen venne definitivamente sconfitta, il loro esercito si sciolse e le loro operazioni crollarono. Il primo ministro si ritrovò in una situazione complessa; il Vietnam, infatti, non era pronto per delle elezioni ma la sua intenzione e anche quella dell'amministrazione americana era di realizzare uno Stato indipendente, in modo che, successivamente, si potesse diffondere nella popolazione il concetto di democrazia. Tuttavia il presidente Eisenhower stimò che nel 1954 più dell'80% della popolazione vietnamita, in una possibile elezione contro Bao Dai, avrebbe votato per Ho Chi Minh, in quanto eroe popolare della loro liberazione.

Il 7 luglio 1955 Diem annunciò un possibile referendum nazionale che avrebbe, in qualche modo, determinato il futuro del paese e, il 16 luglio, Diem annunciò pubblicamente la sua intenzione di non partecipare alla riunificazione del paese dicendo di non essere vincolato dagli Accordi di Ginevra, firmato contro la volontà del popolo vietnamita. Diem disse inoltre che era impossibile avere delle elezioni leali con i comunisti e, come conseguenza, egli sostenne la necessità di creare uno stato anti-comunista nel Vietnam del sud; il 6 ottobre annunciò che il referendum si sarebbe tenuto il 23 ottobre. Il cattolico sudvietnamita concepì il referendum come il primo passo per la creazione di uno Stato duraturo in grado di governare il Vietnam del Sud e un'opportunità per legittimare sé stesso come simbolo della democrazia vietnamita. Egli affermò che il Vietnam del Sud avrebbe potuto riunificare la nazione sotto un'amministrazione democratica liberando i compatrioti del nord dall'oppressione comunista.

Il colonnello Edward G. Lansdale, comandante della Saigon Military Mission (SMM) aiutò il presidente sudvietnamita nella sua scalata alla vittoria politica; al suo arrivo a Saigon, stando in piedi sulla pista aerea di Tan Son Nhut, Lansdale decise che Diem avrebbe avuto bisogno di aiuto. All'inizio degli anni '50, su assegnazione della CIA, il colonnello supervisionò il *nation-building* americano nelle Filippine e fu inviato in Vietnam con un'unità speciale della CIA per sfruttare le condizioni nate dalla guerra francese e dagli accordi di Ginevra. Lansdale diede consigli su tutto: dalle riforme terriere alle azioni politiche, e con il permesso dell'ambasciatore andò a fare visita a Diem. Il colonnello trovò il primo ministro mentre stava scrivendo alla sua scrivania nel Palazzo dell'Indipendenza - *Doc Lap Palace*: diventò presto una presenza quotidiana nell'ufficio di Diem.

Per quanto riguarda il referendum, quest'ultimo fu la fase conclusiva nella lotta di potere tra Bao Dại e il suo primo ministro. Il 15 ottobre Bao Dai emise un comunicato per protestare contro il referendum ed esortò i governi di Francia, Regno Unito, Stati Uniti e Unione Sovietica a non riconoscere Diem perché era un ostacolo alla riunificazione del Vietnam come stabilito dagli accordi di Ginevra. Nonostante le interferenze di Bao Dai, Diem, con la battaglia di Saigon, riuscì a sottomettere gli eserciti privati e impose il governo in tutto il paese entro la metà del 1955. Incoraggiato dal suo successo cominciò a progettare la caduta di Bao Dai; lo spinse fuori dalla scena politica, malgrado il tentativo dell'ex imperatore di far deragliare il sondaggio.

Nel periodo che precedette il voto, fu vietata la campagna per Bao Dai, mentre la campagna elettorale di Diem si concentrò su attacchi personali contro il nemico politico. Lansdale inviò i suoi uomini ad Hanoi per distribuire volantini con cui vennero distribuite informazioni false sulle nuove regole economiche e monetarie causando il panico tra i residenti benestanti. I media controllati dal governo lanciarono attacchi polemici contro Bao Dại, e la polizia andò porta a porta, avvertendo le persone delle possibili conseguenze negative del fallimento del voto se avessero votato Bao Dai.

La DRV (*Democratic Republic of Vietnam*) cercò ripetutamente di coinvolgere la macchina di Ginevra inoltrando dei messaggi per il governo del Vietnam del Sud nel luglio del 1955, a maggio e giugno del 1956, a marzo del 1958, luglio del 1959 e luglio del 1960, proponendo le consultazioni per negoziare delle "libere elezioni generali a scrutinio segreto", e di liberalizzare le relazioni Nord-Sud in generale. La popolazione del sud che si trovò a nord, ed i loro parenti nel sud, formarono, con i resti della rete occulta del Viet Minh nel Vietnam del Sud, un mezzo attraverso il quale il Vietnam del Nord poté "lottare" per la riunificazione, indipendentemente dall'ostinazione di Diem o dagli aiuti americani per il Vietnam del Sud.

Per il governo subvietnamita e per Diem stesso, i rifugiati del Nord, circa 310.000 civili vietnamiti, soldati e membri non vietnamiti dell'esercito, erano importanti per due ragioni: in primo luogo, fornivano al mondo la prima prova convincente della natura antidemocratica e oppressiva del regime del Vietnam del Nord. Senza alcun dubbio molti migranti fuggirono dal nord per ragioni vaghe o fittizie, e quindi questo rafforzò l'opinione secondo cui il Viet Minh di Ho Chi Minh fu ampiamente e realmente temuto, e molti rifugiati presero il volo in preda di un incomprensibile terrore. Ci furono indicazioni secondo le quali la DRV ostacolò con forza la migrazione di migliaia di profughi che tentarono di lasciare il nord. Nel 1955 e 1956, i rifugiati furono il supporto più convincente per affermare la tesi di Diem secondo la quale era impossibile ottenere delle elezioni libere al nord. In secondo luogo, i rifugiati acquistarono le simpatie del popolo americano, il che diede l'input all'amministrazione americana di dare supporto a Diem. L'intensità di centinaia di migliaia di persone in fuga dalle loro case e la fortuna di sfuggire dalla tirannia comunista provocarono un aumento degli aiuti americani.

In terzo luogo, la maggioranza di rifugiati cattolici del Tonchino fornirono a Diem un'arma in più: un gruppo politicamente malleabile, culturalmente distinto, totalmente diffidente da Ho Chi Minh e dalla DRV, dipendente dal governo di Diem, e attratto da Diem come una persona religiosa. Il 23 ottobre del 1955, il mandarino cattolico corse contro Bao Dai in un referendum e vinse, malgrado un dubbio sovraffollamento di voti. Il referendum dello Stato del Vietnam del 1955 determinò la futura forma di governo del Paese, la nazione che diventò la Repubblica del Vietnam (noto come il Vietnam del Sud). Diem vinse le elezioni, anche se furono ampiamente segnate da brogli elettorali, con il 98,2% dei voti. Nella capitale Saigon, Diem fu accreditato di oltre 600.000 voti, anche se solo 450.000 persone furono effettivamente parte nelle liste elettorali. Dopo aver truccato le elezioni grazie all'aiuto di suo fratello Ngo Dinh Nhu, Diem si proclamò presidente del Vietnam del Sud e cominciò a dettare sul paese con il suo regime corrotto; pochi anni più tardi il suo stesso regime lo abbandonerà fino a portarlo alla morte.

"We shall pay any price, bear any burden, meet any hardship, support any friend, oppose any foe, in order to assure the survival and the success of liberty".

Gli Stati Uniti erano impegnati nella sfida ideologica, economica e militare contro l'U.R.S.S. e uno dei loro obiettivi di politica estera era combattere l'espansione del comunismo su larga scala; infatti gli Stati Uniti fin dal 1947 cercarono di schiacciare politicamente l'influenza sovietica, prima, e poi anche quella delle repubblica popolare cinese di Mao a partire dal 1949. Inoltre furono portatori di una struttura internazionale per lo sviluppo capitalista e ebbero l'ulteriore obiettivo di espandere il proprio modello basato sul principio dell'autodeterminazione dei popoli. Durante gli anni cinquanta, Eisenhower temeva l'effetto domino in tutto il sud-est asiatico, in quanto, se Ho Chi Minh avesse spinto la propria influenza comunista nel sud del Vietnam sarebbe stato impossibile contenere la caduta di tutti gli altri paesi indocinesi.

Tutti questi motivi spinsero gli americani a continuare il lavoro fatto, ma non ancora finito, dei francesi supportando questa volta a pieno regime il cattolico Diem ed il suo governo.

Malgrado l'impegno statunitense, il regime di Diem con il passare dei mesi divenne sempre più instabile, corrotto e fasullo, per non parlare poi della persona di Diem che pian piano si isolò dalla scena politica lasciando spazio a suo fratello Nhu, che non modificò per niente la situazione sudista, alterando gli animi della popolazione con vari programmi di riforme e di reinsediamento che fecero aumentare soprattutto il malcontento dei contadini, i quali appoggiarono sempre più gli insorti del sud, i Vietcong.

A inizio anni Sessanta, toccò a Kennedy prendere le redini del gioco proponendo accanto alla strategia del contenimento una nuova missione: la "Nuova Frontiera".

Per l'amministrazione statunitense fu difficile cercare di diversificare i vari obiettivi geopolitici e militari in quanto entrambe le parti, gli Stati Uniti e l'URSS, avrebbero perso o guadagnato influenza nelle aree in cui erano coinvolte e quindi risultò arduo rispondere adeguatamente a ciascuna situazione. Per le varie amministrazioni che si succedettero, Berlino, Cuba o il Vietnam rappresentarono la stessa importanza sia strategica che militare. Pochi mesi dopo l'insediamento del presidente Kennedy, i destini del Vietnam e dello stesso Laos furono considerati una cosa solo; Kennedy non intendeva mandare soldati americani a morire in quella giungla. Chiese invece alla CIA di raddoppiare le sue forze reclutate presso le tribù del Laos e di «fare ogni sforzo possibile per lanciare operazioni di guerriglia nel Vietnam del Nord» con gli uomini assoldati in Asia. Gli americani inviati in Laos e in Vietnam negli anni di Kennedy non conoscevano il nome della tribù degli Hmong; gli chiamavano i Meo, un epiteto il cui significato era all'incirca quello di "barbari" o di "negri".

Uno di quei giovanotti era Dick Holm e si rammaricava per:

«l'ignoranza e l'arroganza degli americani che arrivavano nel sud est asiatico. Non sapevamo nulla della storia, della cultura e della politica della gente che volevamo aiutare. L'avremmo fatto a modo nostro».

CAPITOLO SECONDO: DIEM E IL SUO REGIME DI TERRORE

A metà giugno del 1954, l'imperatore Bao Dai convocò Ngo Dinh Diem, nazionalista anticomunista, nella sua residenza estera di Cannes e lo nominò Primo Ministro del suo paese. Diem, in questo periodo, fece un considerevole progresso verso la costruzione del primo governo vietnamita completamente indipendente. Ciononostante, la capacità dei sudvietnamiti di sviluppare un governo effettivo che potesse sopravvivere negli anni fu ancora messa in dubbio a causa della corruzione e dell'inaffidabilità dei suoi componenti.

Quando Ngo Dinh Diem fu nominato primo ministro da Bao Dai, si trovò di fronte ad una situazione praticamente instabile e in continuo deterioramento. Nell'area sotto l'amministrazione del governo vietnamita, la popolazione di circa 12 milioni di abitanti fu indebolita dalla guerra, non si identificò con il governo nazionale e fu divisa da situazioni di fedeltà regionale e opinioni religiose.

La principale preoccupazione di Bao Dai e dell'ormai Primo Ministro Diem fu solamente quella di migliorare la loro posizione economica e preservare la loro pace ritrovata; il più profondo sentimento politico nella maggior parte della popolazione fu un'antipatia e un disprezzo nei confronti dei francesi combinato con un riguardo ad Ho Chi Minh come il simbolo del nazionalismo vietnamita.

La presenza, inoltre, di sette politiche-religiose armate contribuì alla difficoltà nello stabilire un'autorità del governo centrale in tutto il Vietnam. Mentre molti funzionari francesi provarono ancora a preservare le loro ultime vestigia nella regione per quanto riguarda l'aspetto politico-economico, il governo francese temeva che la creazione di un effettivo governo anti-comunista nel sud potesse coinvolgere le forze armate francesi in una rinnovata lotta contro il Viet Minh. Il fatto che Diem avesse il pieno supporto degli aiuti economici e militari provenienti dall'amministrazione americana fu un elemento positivo per far fronte agli ambienti dissidenti non-comunisti. Lui stesso non permise mai delle elezioni nazionali per la riunificazione del Vietnam entro il luglio del 1956 e anche se il Presidente, pressato dalle potenze occidentali, poteva essere in parte d'accordo nell'avviare delle consultazioni indirette con la DRV (Democratic Republic of Vietnam) riguardo le elezioni, affermò che le condizioni non sarebbero state mai accettate dai comunisti. Consapevole che una tale posizione avrebbe potuto causare l'incremento del Viet Minh verso uno sforzo ulteriore per la distruzione del suo governo, Ngo Dinh Diem cercò di impegnare gli americani in maniera più forte per la difesa del Vietnam. Il movimento di Ho Chi Minh, nonostante la sua relativa inattività, rappresentò la più grande minaccia potenziale per il regime di Saigon e sarebbe stato in grado di sconfiggere l'esercito vietnamita (VNA) e le forze francesi (se impegnate) presenti nel Vietnam del sud qualora avesse deciso apertamente di invadere il sud con le forze regolari. Inoltre, con una stima del personale militare in Vietnam del Sud di 10,000 unità, il Viet Minh ebbe la capacità di intraprendere operazioni di sabotaggio locali, operazioni terroristiche e di guerriglia su piccola scala ma diffusa. Oltre a ciò, secondo le stime dei funzionari americani residenti a Saigon durante il 1955, il Viet Minh rafforzò queste forze infiltrandosi nel Vietnam del Sud, esercitando tra l'altro un'apparente influenza politica in molti campi sparsi in tutto il sud del paese.

Secondo il NIE – National Intelligence Estimate – dell'undici ottobre del 1955, i funzionari USA ritennero che il Viet Minh, almeno fino al luglio del 1956, avrebbe probabilmente continuato a concentrarsi soprattutto su una lotta politica progettata, da un lato, per esercitare pressioni per l'attuazione degli accordi di Ginevra e, dall'altro, per portare al potere nel sud personalità politiche suscettibili al governo di coalizione con il Viet Minh. Le tattiche di questo movimento furono utilizzate per mantenere e aumentare l'influenza dell'esercito regolare di Ho Chi Minh nei villaggi, per ostacolare l'amministrazione del governo, per sovvertire gli elementi di comando nel VNA (Vietnamese National Army), e per incitare i gruppi dissidenti -particolarmente le sette - ad opporsi al governo. Comunque, i comunisti stimarono che, finché non avessero dichiarato apertamente una lotta contro la posizione di Diem al governo, quest'ultimo avrebbe continuato a rafforzare e a rendere stabile la sua posizione politica; nonostante la presenza della Commissione di Controllo Internazionale (ICC), poterono in qualsiasi momento decidere se avviare la lotta o meno su piccola scala attuando delle guerriglie diffuse nel sud. Il Viet Minh iniziò, così, operazioni di guerriglia su piccola scala supportato da infiltrazioni provenienti dal nord, e contemporaneamente il governo sudvietnamita fu pressato nel mantenere un più profondo e dettagliato controllo nell'area di Saigon-Cholon e in altri importanti centri urbani. Mentre i francesi continuarono a cercare di salvaguardare il più possibile i propri interessi sia commerciali che culturali, i funzionari americani a Saigon affermarono che l'influenza e gli interessi francesi non erano così ben solidi e che sarebbero stati man mano diminuiti. Nella situazione attuale, Diem fu forzato ad agire con calma dai funzionari americani di Saigon; anche se possedé un considerevole prestigio in quanto patriota, non ebbe esperienza sufficiente per gestire l'amministrazione e all'esterno si confrontò con gli intrighi di Bao Dai beneficiato dal supporto francese. In più, la fedeltà dell'esercito al governo centrale fu messa in dubbio perché il Generale Hinh fu spesso manovrato da forze politiche contrastanti che lo indussero a compiere scelte contro il governo diemista. La polizia nazionale e i servizi segreti furono comandati da Bay Vien, il capo della Binh Xuyen, il quale comprò questi due organi attraverso la vendita della licenza della polizia offertagli da Bao Dai nell'aprile del 1954. In questa confusa e difficile situazione, Diem si concentrò nell'eliminare o neutralizzare i più importanti gruppi che ostacolarono l'esercito come le sette degli Hoa Hao e del Cao Dai. Successivamente escluse, anzi silurò il generale Hinh ed escluse Bao Dai dalla scena politica, acquistando il supporto dell'esercito e stabilendo l'indipendenza del suo governo dall'influenza francese.

Attraverso la corruzione, la persuasione e infine la forza, Diem eliminò la Binh Xuyen e i più importanti elementi degli Hoa Hao perché furono delle minacce alla sua autorità di governo; con il risultato soddisfacente delle sue azioni, Ngo Dinh Diem guadagnò prestigio e aumentò la sua popolarità come simbolo dell'indipendenza vietnamita. Tuttavia, secondo i rapporti del personale americano a Saigon, malgrado i successi ottenuti, la costruzione di un governo anti-comunista nel Vietnam del Sud fu ancora incerta. Anche se Diem stabilì il controllo sugli apparati governativi, toccò solamente la punta dell'iceberg di tutta una serie di problemi collegati tra di loro; i più fondamentali furono lo sviluppo di un'amministrazione efficace, in particolar modo a livello provinciale e locale; l'istituzione di una base costituzionale popolare sanzionatoria per il regime; l'eliminazione di opposizioni armate e l'estensione dell'autorità del governo in tutte le aree del Vietnam del Sud; la soppressione del Viet Minh sia a livello militare sia a livello politico nel sud e la restaurazione dell'economia.

Per quanto riguarda invece il Vietnam del Nord, anche se il regime comunista perse una buona percentuale del suo originale supporto popolare, restò solidamente in piedi soprattutto grazie alla lealtà e l'efficacia del proprio esercito. Nel 1955 le stime americane riguardanti la situazione del Vietnam del Sud in quel periodo affermarono che la DRV continuò le sue tattiche di "competizione pacifica" con il Vietnam del Sud, sebbene proseguisse i suoi sforzi nell'infiltrare e sovvertire le organizzazioni ufficiali e non, e sfruttasse nel sud i gruppi dissidenti e insoddisfatti del governo di Diem.

Nel Laos la DRV continuò il suo supporto agli sforzi del Pathet Laos di negoziare un accordo politico con il governo reale Lao, con l'obiettivo finale di un controllo comunista. Sin dagli accordi di Ginevra del 1954, il partito dei lavoratori del Vietnam, il partito Lao Dong, cercò di gettare le basi per la trasformazione del Vietnam del nord verso una società comunista. Il più importante compito fu quello di istituire un efficace sistema di amministrazione e di controllo su tutta la popolazione e di riabilitare l'economia, gravemente danneggiata durante il lungo periodo della guerra. Il Lao Dong fu in una situazione favorevole quando assunse il controllo del Vietnam del Nord; la sua vittoria sui francesi provocò un considerevole supporto popolare e il suo leader, Ho Chi Minh, fu considerato, anche da molti non comunisti nazionalisti, come l'unica persona che poteva spingere i francesi fuori dal Vietnam.

Dal punto di vista comunista il partito aveva due importanti debolezze: la mancanza di cellule ben addestrate e la motivazione del sentimento anti-francese e nazionalista anziché il dogma del comunismo. Negli anni precedenti queste debolezze furono esposte nel momento in cui il regime tentò di imporre il suo controllo alla classe contadina troppo rapidamente e troppo crudelmente; la maggior parte del supporto popolare, infatti, scomparve. Il regime quindi cercò di ristabilire e di ricostruire un sufficiente consenso popolare in modo da permettere ulteriori passi verso un incremento di produzione senza l'uso costante di metodi coercitivi o con l'uso della forza.

Mentre la supremazia in tutto il Vietnam rimase un obiettivo del tutto comunista, il successo del presidente Ngo Dinh Diem nel sud ridusse la probabilità di un controllo totale in tutto il Vietnam del sud. Dal momento che l'economia del Vietnam del Nord era basata fondamentalmente sull'agricoltura, i problemi principali che il regime dovette affrontare furono l'organizzazione e il controllo della popolazione contadina, e l'incremento della produzione agricola. Durante il 1956, in base alle valutazioni dei quadri statunitensi a Saigon, le cellule dell'esercito che si occuparono delle riforme terriere furono il principale strumento del regime sia per organizzare i contadini che per "purificare" e ricostruire il partito nelle aree rurali; queste cellule ebbero un notevole successo nel distruggere i "signori delle terre" e nel ridistribuire le terre confiscate dalla classe medio alta alla classe bassa dei contadini. Nel momento in cui la terra fu ridistribuita, le cellule cominciarono a introdurre forme rudimentali di socialismo organizzando i contadini all'interno di un corpo di aiuti comune nel quale la classe contadina cooperò per mietere i prodotti della terra. Il regime stimò che dalla metà del 1956 furono costituiti circa 190.000 corpi di aiuti comuni, che inclusero quasi il 60 per cento delle famiglie contadine. Le cellule disturbarono la normale vita delle comunità forzando le organizzazioni dei contadini locali a sciogliersi; anche alcuni dei contadini che approfittarono della redistribuzione della terra furono insoddisfatti perché le cellule che si occuparono delle riforme terriere fecero delle stime eccessive sui raccolti e di conseguenza ci furono più tasse da pagare che si ripercossero sulla classe contadina. I contadini cattolici vennero isolati quando le cellule requisirono le chiese per utilizzarle come magazzini o depositi per i raccolti o per distribuirle a qualche singolo contadino. Le cosiddette "purghe" dei membri del partito portarono come conseguenza, dalla metà del 1956, a un turbamento del morale causando un'ingente perdita di supporto popolare nelle aree urbane.

Molti lavoratori delle fabbriche, negozianti, piccoli imprenditori reagirono avversamente al sistema comunista dei controlli sulle terre e alla mancanza di cibo e di altri beni di sussistenza. Gli intellettuali non-comunisti, che inizialmente supportarono la DRV, diventarono anche loro insoddisfatti della situazione in cui si trovarono e quando il regime diede loro un po' di libertà alla fine del 1956, cominciarono a criticare in maniera molto palese le politiche della DRV in pubblicazioni non appartenenti al partito. La DRV ebbe un ulteriore problema: controllare i gruppi minoritari che abitavano le regione montuose del Vietnam del Nord e che fornirono le truppe migliori dell'Unione Francese durante la guerra. Il regime stabilì, quindi, delle zone autonome che comunque non ovviarono al problema perché fu sempre presente un sorta di ostilità tradizionale fra le tribù che popolarono le montagne e i vietnamiti, e questi disaccordi rimasero un problema per il regime.

2.1.   Ngo Dinh Diem – Famiglia, origine sociale e pensiero politico

Diem nacque nel 1901 a Hue, nel Vietnam centrale; la sua famiglia aristocratica fu al servizio della corte reale nel 17° secolo. Gli Ngo furono una delle prime famiglie cristiane vietnamite battezzate dai francesi durante la loro prima missione religiosa nella penisola indocinese. Suo padre Ngo Dinh Kha fu membro della corte dell'imperatore Thai Thanh (che regnò dal 1889-1907), come Dignitario di Corte e Ministro dei Riti, l'equivalente di Capo di Stato Maggiore e Segretario di Stato. La famiglia Ngo, però, venne turbata dai francesi quando cospirarono per deporre Thanh Thai nel 1907 citando il fatto che stesse diventando pazzo (cioè anti-francese); per questo motivo Ngo Dinh Kha continuò incessantemente a martellare i suoi figli facendo riferimento al tradimento francese. Già dopo queste brevi righe può essere spiegato il profondo pregiudizio che la famiglia provò nei confronti dei francesi.

La famiglia Ngo trasse origine da una sfavorevole congiunzione dei due mondi; come molti abitanti delle ex-colonie, Diem e suo fratello Nhu furono affascinati dall'Occidente: nelle loro menti il colonialismo e il comunismo furono considerati i due maggiori pericoli, i due grandi nemici del Vietnam. Malgrado la loro educazione occidentale, Diem e suo fratello non assorbirono nulla delle concezioni scientifiche dell'Occidente e ancor meno di economia politica. Il loro regime fu un miscuglio di incubo e di farsa; la farsa si riscontrò nelle città, tra una popolazione assistita dal programma di aiuti americani, e nei reami dove la signora Nhu poteva a suo capriccio imporre una legge antidivorzio o la proibizione del ballo; l'incubo avvenne invece nelle campagne tra i produttori di riso sempre più poveri a causa dell'importazione americana di nuovi generi alimentari e dall'affluenza sempre maggiore di denaro nelle città.

Dei nove figli, Thuc, Diem e Khoi furono i più importanti. Thuc nacque anche lui a Hue, nel 1897; diversamente dalla maggior parte dei suoi fratelli che si impegnarono negli affari politici, Thuc prese i voti e divenne in seguito l'arcivescovo di Hue nel 1960. Per uno scherzo del destino, il suo ruolo durante la guerra fu fondamentale come fu d'altronde la religione cattolica, la quale diventò uno strumento del regime di Diem. Ngo Dinh Khoi, il maggiore, ebbe una vita più breve

rispetto alla maggior parte dei suoi fratelli, in quanto fu sepolto vivo, insieme al figlio, dai comunisti durante l'eliminazione dei nazionalisti nel 1940. Diem fu senza ombra di dubbio il personaggio principale della famiglia (insieme a Nhu, suo fratello più giovane).

Non possiamo, quindi, non parlare dell'uomo, della sua personalità e

dei suoi pensieri per comprendere appieno quel periodo della storia del Vietnam in cui regnò come dittatore con il suo regime di terrore. Diem fu il prodotto ideale del sistema mandarinale continuato dai francesi; essi costituirono nel Paese le Accademie di Apprendimento – *Quoc Hoc* – per le menti migliori e più brillanti, dove Diem studiò prima di essere promosso come governatore provinciale nel 1929 in Cocincina. Fu uno studente brillante, un grande lavoratore e molto competente come funzionario pubblico. Nel 1932, a 31 anni divenne Ministro degli Interni sotto il Gabinetto dell'Imperatore Bao Dai. Questo giovane imperatore suscitò molte speranze, essendo il primo sovrano moderno vietnamita che studiò in Francia. Inoltre fece affidamento su nuove prospettive, come Diem, per spingere il Vietnam nella modernità e per il più importante passo verso l'indipendenza nazionale. Ciononostante si accorse fin dall'inizio che lavorare sotto il dominio francese era impossibile per un vero nazionalista in quanto faceva venir meno il senso d'indipendenza della nazione stessa, così, disse a Bao Dai che era stanco di questa situazione e diede le dimissioni pochi mesi dopo il suo giuramento all'Imperatore. In meno di un anno, la speranza di Bao Dai della rinascita nazionale divenne un'amara delusione per i nazionalisti e per Diem; senza ulteriori illusioni lasciò la vita pubblica e si isolò dalla lotta che vi fu tra i comunisti di Ho Chi Minh e i nazionalisti vietnamiti.

A differenza di molti politici, Diem fu piuttosto timido e solitario; anche se non si mostrò esattamente introverso come suo fratello minore Nhu, riteneva di possedere una fede mistica in sé stesso e molte volte pensò di avere una missione per salvare il suo paese. "Verrà il tempo in cui la nazione avrà bisogno di me", disse. Quando gli eventi si verificarono, cioè l'epurazione dei nazionalisti di Ho Chi Minh e dei suoi quadri comunisti e il crollo del regime coloniale, diventò sempre più convinto della sua posizione indispensabile assieme a Bao Dai.

Nel 1954, Diem si convinse che a lui era stato assegnato il "mandato dal Cielo" per salvare il Vietnam del Sud dal comunismo e dal colonialismo. Essendo un uomo di principi morali e di profonda convinzione religiosa, fu convinto di avere la risposta ai problemi della nazione; e la priorità numero uno fu quella di combattere la diffusione del comunismo. Se i cittadini vietnamiti di tutte le classi e di tutti gli orientamenti politici fossero stati uniti per contrastare il colonialismo, prendendo una posizione di distanza nei confronti dell'amministrazione francese in Vietnam e affermando che la nazione sarebbe stata indipendente solamente con l'esclusioni di quest'ultima come fece Diem, non ci sarebbe avuto alcun bisogno di accogliere i comunisti. Fu molto critico nei confronti delle varie fazioni politiche che gareggiarono le une con le altre dichiarando che furono i politici della peggior specie, meschina, vanitosa e facile da acquistare. Inoltre diventarono la causa della miseria del Vietnam e della proliferazione del comunismo in cui l'origine si poté ritrovare nelle loro incessanti discussioni e proteste, perdendo così di vista i loro nemici comuni guidati da Ho Chi Minh. A livello personale,il carattere di Diem apparve ancora più complesso e intrigante. Coloro che ebbero l'opportunità di trattare con lui non riuscirono a credere come fosse in grado di gestire gli affari dello Stato; una delle sue caratteristiche principali fu quella di comunicare per ore, facendo dei lunghi discorsi; gli incontri con i funzionari esteri furono in realtà dei lunghi monologhi. I suoi discorsi erano così incessanti con così tante informazioni che gli ospiti se ne potevano tranquillamente andare mentre lui continuava a parlare con se stesso. Sospettò su tutti al di fuori della propria famiglia; la personificazione del suo regime piantò i semi della propria distruzione fin dall'inizio ed uno dei più gravi errori che commise durante quasi tutto il periodo del suo mandato fino al colpo di stato nel 1963 fu confondere il suo interesse per la famiglia con l'interesse nazionale portando poi al distruzione di entrambe.

Ngo Dinh Diem fu parte di un mondo illusorio dove nessuna notizia era meglio di una cattiva; agli orientali non piacevano le cattive notizie ed erano disposti a ricorrere alla censura per placare lo stato delle cose. Non possedeva la minima idea sulla situazione in Vietnam del Sud e sul giudizio che le masse avevano del suo governo. Se sapeva qualcosa a riguardo, lo nascondeva bene o praticava la peggior forma di autonegazione. Ma quando la brutta notizia gli passò davanti era ormai troppo tardi.

Il cattolico Diem fu, sotto molti aspetti, uno strano candidato per la parte di protetto degli americani; come si è detto fu originario di Hue e si vantò di essere nato in una famiglia di mandarini che nel XVI secolo occupò un posto così alto nel governo che i contadini della regione ritenevano di buon augurio seppellire i propri morti nel cimitero della famiglia Ngo. Quando l'ex imperatore Bao Dai, il 18 giugno del 1954, nominò primo ministro il cattolico Diem, il presidente Eisenhower scrisse una lettera a Diem promettendo il supporto americano per l'assistenza del governo del Vietnam con l'obiettivo di abbattere qualsiasi tentativo di imporre un'ideologia straniera a una popolazione libera. Scegliendo di sostenere Diem, Washington dimostrò un'indubbia capacità d'intervento in una situazione assai fluida: gli americani intendendo allearsi a un esponente conservatore, legato alla corte di Hue ma patriota, anticomunista e non particolarmente compromesso con il passato, poterono contare soltanto su di lui.

La decisione del governo americano di appoggiare Ngo Dinh Diem ebbe l'approvazione di un gruppo influente di senatori. Durante l'inizio degli anni '50, in un viaggio verso gli Stati Uniti, dove restò per circa due anni all'interno dei seminari del New Jersey (soggiornò tra il 1952 e il 1953), il cattolico Diem fece della sua lotta per l'indipendenza dello Stato del Vietnam un obiettivo condiviso anche da molti uomini politici americani influenti; tra coloro che appoggiarono la sua causa vi furono il senatore Jonh F. Kennedy e il senatore Mansfield che in seguito sarebbero diventati fondatori di un gruppo di pressione chiamato *"Amici americani per il Vietnam"*.

Con la battaglia di Saigon, il 27 aprile del 1955, dopo la sconfitta delle sette religiose Hoa Hao e Cao Dai e dell'organizzazione criminale Binh Xuyen (entrambe fino a quel momento stavano controllando gran parte di Saigon e l'ex-imperatore Bao Dai diede loro il controllo della polizia e di gran parte degli organi amministrativi della città), il processo di deterioramento tra Parigi e Washington accelerò ma soprattutto consolidò il potere di Ngo Dinh Diem; in appena un anno un leader politico che non aveva mai avuto sostegno dall'elite politica sudvietnamita riuscì, con la forza e con il sostegno degli Stati Uniti e maggiormente grazie alla CIA e al comandante Lansdale, ad instaurare il suo regime nel Sud-Vietnam.

2.2. Il governo di Diem e i suoi avversari

Nel 1954 Diem si insediò a Saigon e consolidò il suo regime attraverso una profonda credibilità di circa un milione di rifugiati provenienti dal Vietnam del Nord. Sotto la sua leadership il Vietnam del Sud diventò uno stato sovrano che dal 1955 fu riconosciuto giuridicamente da altre 36 nazioni e dalla metà del 1955 Diem si assicurò un forte ritorno degli Stati Uniti. Condusse un referendum istituzionale alla fine del 1955 in cui fu registrato un voto schiacciante a suo favore e non a favore del suo oppositore nelle elezioni, l'imperatore Bao Dai. Durante il 1956, installò un governo rappresentativo ed estese il controllo del GVN alle regioni che furono sotto il controllo delle sette o del Viet Minh per dieci anni; si impegnò a iniziare ampie riforme per la proprietà terriera, per la salute pubblica e per l'educazione. Con l'aiuto americano, stabilì un esercito moderno nazionale e formò delle forze di sicurezza rurali per mantenere l'ordine nelle campagne.

Verso la metà del 1954 il governo del Vietnam controllava solo pochi blocchi del centro città di Saigon; il resto della capitale, in quel periodo, era controllato dall'organizzazione militare della Binh Xuyen. Oltre ai dintorni di Saigon, il Vietnam del Sud si divideva tra le zone controllate dai Viet Minh e i domini controllati dalla setta del Cao Dai. Questa setta fu la più potente e la più importante opposizione non comunista contro Diem; controllò una considerevole porzione di aree rurali ed ebbe un coeso consenso religioso di circa 1.500.000 di vietnamiti. Mentre il leader della setta, Pope Phan Cong Tac, cooperò con altri leader di altre sette per opporsi a Diem, alcuni militari della Cao Dai supportarono il primo ministro. Il Generale Phuong, il comandante in capo dell'esercito della Cao Dai e probabilmente il più influente leader politico, strinse un accordo con il governo per integrare la maggior parte delle sue truppe all'interno del VNA (Vietnamese National Army). Durante la primavera e l'estate del 1955, la Cao Dai cercò di diventare la maggiore forza politica nel sud del Vietnam tentando di prendere il controllo del Consiglio Rivoluzionario; questo Consiglio fu formato durante la primavera del 1955 nel momento in cui la setta Binh Xuyen entrò in crisi; derivò dalla fusione/incorporazione dei seguaci di Nhu (il fratello di Diem), dei generali della Cao Dai, The e Phuong, e del generale Ngo della setta Hoa Hao, e tutti quanti cercarono di usare la forza del nazionalismo per raggiungere i loro ultimi obiettivi politici ovvero il controllo politico di Saigon. Sebbene la Binh Xuyen ed alcuni elementi della setta Hoa Hao mantennero la potenza per intraprendere azioni di guerriglia in aree limitate, il governo ridusse drasticamente il potenziale di questi gruppi che sfidarono la sua autorità grazie all'utilizzo della forza e della corruzione. Fondamentalmente le principali forze della Hoa Hao, alle quali si restrinsero le capacità militari, furono quattro: si ridusse il reparto di Ba Cut di circa 1.000 unità, le quali erano sparse in tutto il sud e si nascondevano dal VNA; il gruppo di Soai fu disorganizzato come risultato delle operazioni del VNA e non arrivò a più di 1.500 unità; le forze di Nguyen si ridussero a circa 2.500 unità divenendo neutrali; e si ridusse il reparto di Ngo di 3.000 unità che successivamente cooperò con il governo. A causa delle operazioni del VNA nei loro nascondigli paludosi, la Binh Xuyen smise di essere una forza effettiva. Tuttavia, in quel periodo, i rapporti provenienti da ufficiali americani residenti a Saigon confermarono che le restanti forze di Bay Vien, Ba Cut e Soai continuarono a opporsi al governo e tentarono di cooperare con il Viet Minh.

Gli altri raggruppamenti politici che si opposero a Diem furono composti essenzialmente da intellettuali e da politici opportunisti; ebbero un consenso popolare molto limitato e mentre questi gruppi continuarono a manovrare la posizione per avere una potenza più sicura, l'amministrazione americana e i funzionari di Saigon affermarono che la maggior parte di essi si sarebbe convinta che Diem non poteva essere rimosso con delle manovre politiche e che alla fine sarebbe scesa a termini con il presidente.

Il governo di Hanoi non ebbe per antagonista, nella parte meridionale del Vietnam, un paese democratico e liberale poiché il consolidamento del potere di Ngo Dinh Diem coincise con la costruzione di un sistema politico e istituzionale particolarmente autoritario e corrotto. Il nuovo regime smantellò, innanzitutto, l'amministrazione francese ed epurò l'apparato statale dagli elementi considerati non fedeli, come i sostenitori di Bao Dai, che furono espulsi in particolare dall'esercito. Le risorse migliori che ebbe Diem furono la sua reputazione per l'onestà e un nazionalismo senza macchia, il controllo dell'esercito nazionale vietnamita, e il supporto morale e finanziario degli Stati Uniti. In aggiunta, Diem guadagnò un considerevole consenso popolare, specialmente nei centri urbani e anche la fedeltà di numerosi rifugiati provenienti dal Vietnam del Nord. Il primo atto di Diem fu di chiedere aiuto agli americani per trasportare e risistemare coloro che volevano lasciare la zona di raggruppamento del Viet Minh per quella francese; la richiesta, dal punto di vista americano, non avrebbe potuto essere più politica, in quanto permise ai servizi assistenziali civili e militari americani di assolvere il compito ad essi congeniale: «salvare» i vietnamiti dal comunismo e quindi dall'inedia. Con l'aiuto della VII flotta americana, 860.000 persone circa, in maggioranza cattolici provenienti dai vescovati di Phat Diem e Bui Chu, si riversarono nel Sud durante i trecento giorni dell'armistizio; infatti una della clausole degli accordi di Ginevra fu appunto la possibilità di ciascuna delle due parti, il nord e il sud, di raggruppare le proprie forze trasferendole all'interno dell'area affidata alla ciascuna occupazione. Se non costituirono una vera e propria forza militare, l'arrivo dei profughi offrì a Diem la prima base politica nel sud, una base importante, dato che i cattolici furono i più organizzati tra tutti i gruppi politici non comunisti. L'arrivo procurò a Diem anche un grande pubblicità negli Stati Uniti, dato che le missioni cattoliche americane, al pari delle francesi che le avevano precedute, si mostrarono molto riservate circa il loro buon lavoro.

Per quanto riguarda l'organizzazione della macchina politica di Diem, il suo Gabinetto fu composto principalmente da persone fedeli nelle quali mancarono però elementi politici essenziali per lo sviluppo di un buon governo. Le più conosciute figure politiche del periodo pre-Diem furono alienate da Diem stesso in quanto ritenne il consenso della sua leadership l'unica base per la cooperazione. Secondo le relazioni dei consiglieri americani, Diem dipese fortemente dai suoi fratelli per avere consigli e la sua tendenza verso un "one man rule" con il conseguente rifiuto dei leader vietnamiti dei quali non si fidò, negarono al governo molti degli amministratori istruiti politicamente di cui aveva bisogno.

L'élite del potere diemista, per molti aspetti, differì da quella che sostenne Bao Dai al tempo della guerra d'Indocina poiché fu costituita sostanzialmente dall'*entourage* familiare del presidente sudvietnamita, dall'apparato militare e, in qualche misura, dalla comunità cattolica da cui provennero molti sostenitori del nuovo regime. Ngo Dinh Diem esercitò un potere personale assoluto che non intendeva condividere con avversari o rivali, e per questa ragione si affidò progressivamente alla propria famiglia, e soprattutto ai fratelli, dando luogo a quella che fu definita "una èlite extralegale che ebbe in mano il destino del Vietnam".

L'ultimo rivale con il quale Diem dovette fronteggiarsi fu l'opposizione comunista che minacciava il regime del Presidente nel Vietnam del Sud. Le caratteristiche del regime comunista del Vietnam del Nord constarono in un esercito più forte, in un'amministrazione con più esperienza, in una grande leadership coesa, e in un'illustre guida rispetto a quella del governo del sud. Da quando ci fu il cessate il fuoco, i comunisti si concentrarono nei metodi di lotta politica nel Vietnam del Sud progettati, da un lato, per esercitare pressione per le elezioni nazionali come stipulato dagli accordi di Ginevra e, dall'altro, per infiltrare e sovvertire le istituzioni del Vietnam del sud e portare al potere personalità politiche che fossero malleabili per un governo di coalizione con il Nord. I funzionari statunitensi stimarono che nel sud del Vietnam vi fossero circa 10.000 unità armate del Viet Minh sommate ad un numero imprecisato di cellule politiche e numerosi gruppi del fronte comunista; i gruppi più forti e le attività più ampie si concentrarono nelle montagne costiere dell'Annam del sud, le montagne interne dell'Annam Centrale, l'area di Plaine des Jones adiacente ai confini cambogiani e laotiani, e nelle regione cocincinese di Ca Mau. Inoltre le forze della Binh Xuyen e della Hoa Hao furono incoraggiate e assistite nel continuare l'opposizione al governo del sud. Il Viet Minh mantenne nel sud del Vietnam una continua capacità militare per avviare delle campagne di intimidazione di massa, assassinii, sabotaggi e azioni terroristiche. Esercitò un efficace controllo politico solamente nelle aree sottopopolate e nelle aree in cui il governo non stabilì la propria amministrazione. Queste aree furono soprattutto gli altopiani e le colline del Vietnam sud-centrale, la penisola di Camau nella parte estrema del Vietnam e la Plaine des Jones nella Cocincina. Il Viet Minh esercitò, poi, un'ulteriore influenza nelle aree rurali dove l'amministrazione governativa fu presente ma ancora inefficace; nelle aree urbane dove il governo nazionale fu ben saldo, il Viet Minh si concentrò nell'influenzare unioni lavoratrici, servizi sociali e gruppi "pacifici". Sempre secondo le stime dei funzionari americani ci fu una lieve infiltrazione comunista nei gradi più alti del Governo Nazionali Vietnamita e nell'esercito, e un ampia penetrazione delle più deboli unità dell'amministrazione, comprendendo i governi regionali e provinciali e i consigli dei villaggi. Per quanto riguarda le sette politico-religiose del sud del Vietnam, ci furono crescenti sforzi comunisti nel penetrare le fazioni di queste sette che rimasero armate e ostili al governo.

Fino a luglio del 1956 i comunisti seguirono una linea di condotta principalmente politica; le azioni di propaganda provenienti da Hanoi incitarono i seguaci presenti nel sud a continuare le loro battaglie politiche. Il loro obiettivo fu quello di preservare la loro posizione come difensori dell'unità e dell'indipendenza vietnamita e come sostenitori delle clausole uscite dagli accordi di Ginevra. Nel sud si concentrarono soprattutto nei villaggi e nei centri urbani per sfruttare le ingiustizie che le popolazioni locali ebbero nei confronti del governo di Diem, per ostacolare e sabotare l'amministrazione governativa e per sovvertire il VNA. Queste azioni ebbero come fine ultimo quello di screditare Diem dall'immagine di un nazionalista e inoltre di incoraggiare i gruppi dissidenti di unirsi in opposizioni armate per contrastare il governo; in questo modo avrebbero avuto un maggiore supporto per il progetto comunista dell'unificazione. In relazione alle considerazioni americane, tramite queste misure, che potevano implicare azioni di terrorismo e di guerriglia, il Viet Minh poté seriamente ostacolare gli sforzi del governo nell'amministrare le aree rurali del sud. Dipendendo dagli aiuti e dal supporto americano, il regime di Ngo Dinh Diem continuò a seguire una politica estera segnata dalla cooperazione con gli Stati Uniti. Continuò a spingere per lo sviluppo di un meccanismo di difesa efficace sotto il Patto di Manila, cercando supporto diplomatico attraverso il riconoscimento del suo governo in tutta l'Asia. Rifiutando di riconoscere o di aderire ai termini degli Accordi di Ginevra, Diem fu preoccupato dalle pressioni Indiane, Britanniche e Francesi di tenere consultazioni politiche perché temeva il possibile effetto che tali consultazioni potevano avere nell'opinione pubblica e nel suo supporto pubblico. Affermò che qualsiasi riconoscimento della Repubblica Democratica del Vietnam come "governo" avrebbe avuto delle conseguenze ostili e proprio per questo, seppur pressato dalle potenze occidentali e dai paesi asiatici neutrali, continuò a rifiutare la proposta di qualunque tipo di elezioni scatenando così ancora di più gli sforzi del Viet Minh nel rovesciare il suo governo e cercando di legare sempre più gli Stati Uniti nella difesa del Vietnam. Nell'affermazione del suo regime, ebbero un ruolo determinante il fratello Ngo Dinh Nhu e Ngo Dinh Can; il primo controllò i servizi di sicurezza e fu la vera "eminenza grigia" del regime ricoprendo incarichi assai delicati e assumendo un ruolo politico fondamentale, anche se esercitò soprattutto nell'ombra; il secondo governò di fatto la provincia di Hue che divenne "feudo" personale del presidente. Inoltre, un terzo fratello, il vescovo cattolico Ngo Dinh Thuc, fu a capo della ormai influente chiesa cattolica vietnamita. Dal 1956, infine, il potere personale e famigliare della nuova *leadership* sudvietnamita fu rafforzato dalla creazione di un partito "personalista", il Cao Lao Nhan Yi Dang, che diventò l'unica organizzazione politica permessa. Fu un partito che non reclutò militanti né fece opere di propaganda; le sue attività furono segrete e assomigliò piuttosto ad una setta di stampo mafioso, con il compito di controllare le leve del potere e reclutare uomini fidati da collocare nei posti chiave dell'apparato amministrativo e militare. Si arrogò le funzioni di polizia politica segreta, sul modello della Kempeitai nipponica, agli ordini diretti di Nhu che la utilizzò per spiare esponenti sospetti del governo, rivali, quadri dell'amministrazione e privati cittadini. Nonostante la sua educazione occidentale, rimase l'uomo che era: un mandarino della corte di Hue, moderno solo nella misura di estendere un cattolicesimo conservatore.

L'apparato politico creato per estendere il suo potere e attuare i suoi programmi rifletté il suo background, la sua personalità e la sua esperienza: un'oligarchia famigliare rigidamente organizzata ed eccessivamente centralizzata. Almeno fino al 1957, Diem e il suo governo beneficiarono del successo avuto con i programmi di pacificazione nelle campagne; infatti Diem, in un primo momento, fu accolto positivamente in alcuni ex domini Viet Minh e anche il fallimento della clausola degli accordi di Ginevra per le elezioni generali nel 1956 in un primo momento ebbe poco impatto sul processo di pacificazione del governo sudvietnamita.

Nonostante le declamazioni della DRV, la riunificazione del Vietnam partizionato non fu una questione politica vitale per i contadini del Sud del Vietnam. Più tardi nel 1961, Devillers sottolineò:

> *"Per il popolo del Sud la riunificazione non é un problema essenziale. La pace, la sicurezza, la libertà, il loro tenore di vita, la questione agraria, queste sono questioni molto più importanti per loro. La roccaforte delle sette su alcune regioni rimane uno dei fattori della situazione attuale, come è anche, in modo generale, l'atteggiamento diffidente del popolo del sud verso quello del nord".*

Il primo sforzo di pacificazione del GVN fu connesso a promesse di riforme a livello governativo con "azioni civiche" nelle frazioni e nei villaggi. Quest'ultime furono realizzata da "quadri" che attuarono la dottrina maoista delle "tre corde d'arco" (mangiare con, dormire con, lavorare con le persone) per avviare dei miglioramenti nella sanità pubblica, nell'istruzione e nel governo locale, e per propagandare le promesse del governo centrale. Purtroppo per Diem, il suo team di azione civica dovette fronteggiare i profughi del nord, e le tensioni incontrate tra le popolazioni del Tonchino e della Cocincina.

Ngo Dinh Diem non ebbe successo nell'esercizio di un'efficace leadership sulla popolazione vietnamita urbana. Proprio come Diem e i suoi fratelli fecero l'errore di considerare tutti gli ex Viet Minh comunisti, commisero lo stesso errore nel condannare tutti i nazionalisti non diemisti come strumenti di Bao Dai e dei francesi. Alla fine del 1957, i giornali che criticarono il regime, cominciarono ad essere oggetto di persecuzioni, e nel marzo del 1958 il GVN chiuse la più grande redazione di giornali a Saigon; i tentativi di formare partiti politici di opposizione per la partecipazione all'assemblea nazionale incontrarono minacce e ostacoli burocratici. Nel 1958, i politici dell'opposizione rischiarono l'arresto perché accusati di formare partiti non autorizzati da Nhu o Can, e nel 1959 tutta l'attività di opposizione politica venne fermata. Entro l'autunno del 1960, l'élite intellettuale del Vietnam del Sud fu politicamente zittita; i sindacati furono impotenti e l'opposizione dei partiti organizzati non esisté più.

2.3.   *Il supporto americano e le relazioni del regime con i servizi segreti*

Lo scopo del supporto americano al Vietnam del Sud fu di stabilire un regime anti-comunista in grado di sopravvivere in un paese che, per gli Stati Uniti, fu minacciato dal blocco sovietico. Sebbene l'obiettivo in Indocina fosse lo stesso, il Vietnam presentò per la CIA e il governo americano un problema fondamentale differente. Negli altri casi il compito fu quello di trovare e installare un leadership accettabile in uno stato-nazione sottosviluppato; tutto questo poteva essere fatto "sponsorizzando" singoli leader, come in Iran e nelle Filippine, o supportando partiti politici. La questione del Vietnam fu differente; nel territorio a sud del 17° parallelo, che gli americani inizialmente chiamarono il "Vietnam Libero", non esisteva né un senso di nazionalismo né un'amministrazione indigena. La Cocincina, che includeva Saigon e il delta del Mekong, ebbe solamente una tenue connessione con l'autorità imperiale di Hue prima di diventare una colonia francese. L'Annam, nel centro, fu tagliato a metà e gli accordi di Ginevra non crearono, nemmeno in teoria, un nuovo stato (solo per gli Stati Uniti e per Diem esisteva il Vietnam del Sud; le altre nazioni riconobbero solamente il governo che si formò in quell'area); il 17° parallelo costituì una tregua, non un confine internazionale, e l'intera entità provvisoria che viveva a sud rischiò di scomparire dopo le elezioni nazionali del 1956.

Al "Vietnam Libero" mancò non solo un apparato amministrativo ma anche un organico di politici indigeni abituati nell'esercizio del potere. Tutto questo significò che, con la decisione di supportare il regime di Ngo Dinh Diem, gli Stati Uniti si impegnarono non soltanto a stabilire un leader che la regione necessitava, ma anche un nuovo paese. Questo compito fu, però, complicato fin dall'inizio a causa di disaccordi con Diem, o per meglio dire incomprensioni reciproche, riguardo il tipo di leadership richiesta e il tipo di politica che si costruì.

L'assenza di qualsiasi terreno comune fu evidente in numerosi elementi delle missioni americane a Saigon e nel governo americano in generale. L'ambasciata a Saigon mise in risalto l'importanza di preservare le relazioni franco-americane piuttosto che la costruzione di un regime a Saigon in grado di resistere. Le altre parti della missione americana in Vietnam – le sezioni riguardanti gli aiuti economici e militari, il servizio di informazione americano, e la CIA – furono disposte a lasciare che i francesi badassero a se stessi in modo che gli Stati Uniti potessero cominciare a costruire una resistenza contro l'aggressione comunista. Anche qui ci furono dei conflitti in quanto il gruppo di funzionari americani fu continuamente in disaccordo con Washington riguardo i requisiti di difesa sia contro l'invasione dell'esercito militare del nord e sia contro le insurrezioni interne del Viet Minh; infatti sin dall'inizio, a Washington, sia gli ufficiali militare che civili videro le insurrezioni come la minaccia primaria, mentre una serie di funzionari americani a Saigon ritenne più preoccupante le invasioni provenienti dal nord.

La presenza della CIA a Saigon svolse un importante ruolo, non esclusivamente con il Dipartimento di Stato ma anche con il regime; infatti l'Agenzia mantenne due elementi indipendenti durante i primi due anni del regime di Diem e sebbene questi due elementi cooperassero entrambi per aiutarlo contro le immediate minacce, svilupparono degli approcci contraddittori nella costruzione di un'enorme massa di supporto politico. Il risultato fu che sia i funzionari della CIA di Diem e di Nhu si contraddissero a vicenda, di solito inconsapevolmente, riguardo questa problema fondamentale finché non fu stabilito alla fine del 1956 un comando unitario. Dal 1956 il governo degli Stati Uniti pagò al regime di Diem una media di 250 milioni di dollari all'anno, ossia un aiuto pro capite superiore a quello concesso a ogni altro paese del mondo, ad eccezione del Laos. L'US Military Aid and Assistance Group (MAAG), composto da circa ottocento ufficiali, si assunse il compito di riorganizzare e addestrare l'esercito vietnamita mentre la US Operation Mission (USOM) pompò denaro nell'economia e generi alimentari nei depositi di Saigon per il soccorso ai profughi. La missione stanziò anche i fondi per una riforma agraria ed elaborò un vasto progetto per dare una nuova sistemazione ai profughi provenienti dal nord e ai contadini del Vietnam centrale affamati di terra.

Il regime di Ngo Dinh Diem si caratterizzò ben presto per la costante ricerca di denaro: necessario di volta in volta per finanziare l'attività politica del Can Lao, per accrescere il patrimonio personale della famiglia al potere, per arricchire i propri clienti e per corrompere gli avversari. A Saigon, o a Hue, per ottenere commesse e appalti pubblici, bisognò pagare sostanziali tangenti ai fratelli Ngo, che controllarono i trasporti marittimi, interferirono nel mercato del riso, monopolizzarono la produzione della cannella. Il programma di aiuti americani e l'entusiasmo dell'opinione pubblica per il regime di Diem furono due aspetti dello stesso fenomeno – il secondo fu il riflesso del primo anche se non ebbe alcun rapporto diretto con il Vietnam; pochi americani dentro e fuori Washington conoscevano qualcosa di quel paese. Se il Vietnam fu «da pietra angolare, la chiave di volta», restò pur sempre un paese molto distante e straniero, un paese che interessò gli americani solo perché situato a sud della Cina. Fino alla crisi del 1961, nessun giornalista americano vi si recò per compiere delle inchieste sulla nuova dipendenza americana; questo vuoto di notizie ebbe una certa importanza perché significò che per i primi sei anni le informazioni sul regime di Diem provennero per la maggior parte dal governo americano.

L'amministrazione Eisenhower incanalò un flusso costante di denaro a Saigon, sovvenzionando le importazioni del Vietnam del Sud e somministrando un forte programma di aiuti militari. Durante questo periodo, dalla metà del 1955, Washington diede a Diem più di 1,5 miliardi di dollari per l'economia e più di 500 milioni in aiuti militari. Gli americani lavorarono, inoltre, con l'apparato di propaganda del regime, con i ministeri economici, e, naturalmente, con l'esercito sudvietnamita.

La componente più forte del programma non-militare degli Stati Uniti fu lo sforzo del professore della Michigan State University e organizzatore del AFV (American Friends of Vietnam), Wesley Fishel. Il professore e i suoi colleghi elaborarono una proposta di quello che diventò, poi, il Michigan State University Group (MSUG). L'idea originale era quella di istruire i dipendenti pubblici e le forze di polizia, e di fornire consulenza al governo di Saigon; questo sforzo fece, però, perdere terreno sul fronte della sicurezza. Il MSUG addestrò 1,500 membri della difesa di Diem e 21.000 miliziani della Guardia Civile, procurando armi, veicoli e apparecchiature radio.

La riforma agraria fu una questione in cui il MSUG spinse Diem ad intervenire duramente; il leader di Saigon rilasciò diversi decreti riguardanti la riforma agraria a partire dall'inizio del 1955 che si conclusero con una direttiva riguardante gli ordini di ridistribuzione nel 1956. Ciò che fu sorprendente, fu come Diem utilizzò la riforma agraria: solo piccole percentuali di contadini videro qualche beneficio; le terre ridistribuite, appartenenti alle province precedentemente controllate dalle sette negli Altopiani Centrali, furono effettivamente rimpiazzate in città e villaggi chiave da parte dei coloni vietnamiti.

Diem usò lo sviluppo del territorio come un sistema di ricompensa per i fedelissimi, molti provenienti dal nord, dando loro un motivo di interesse per la conservazione del suo regime.

Quando fu previsto nel 1956, gli americani fecero entrare circa dieci milioni di dollari nel programma di riforma delle terre. Secondo coloro che vivevano nelle montagne, Diem passò solamente un milione di dollari alle province montane, e nulla di tutto ciò arrivò effettivamente ai capi tribù. Nel 1959 un totale di 125,000 persone furono reinsediate negli Altopiani Centrali, appena 6,000 di loro furono persone provenienti dalle montagne; al contrario, furono reinsediati 17.000 vietnamiti del nord. Come risultato, le tribù montane cominciarono ad organizzarsi, e all'inizio del 1955 i rappresentanti di un certo numero di esse, incontrandosi al capoluogo Ban Me Thout, formarono un fronte per la liberazione dei "Montanari" (FLM). Quando Diem arrivò in quella regione, il 22 febbraio 1957, per una cerimonia che inaugurava l'inizio dello sviluppo nelle montagna, un attivista del FLM tentò di assassinarlo. Il proiettile a lui destinato, ferì gravemente, solo, il ministro dell'agricoltura, invece che Ngo Dinh Diem. Con questo episodio i "Montanari" non furono più dei cosiddetti contribuenti per la stabilità di Diem nel Vietnam del Sud. L'appoggio degli Stati Uniti al regime di Diem non nacque dalla percezione di vitalità politica nel nuovo governo, ma dal senso che l'espansione comunista doveva essere contrastata indipendentemente da quante probabilità di successo si avevano nell'appoggiare tale amministrazione. Le risorse di Diem furono poche e i suoi avversari furono così numerosi che molti, anche tra i funzionari americani, presagirono una veloce vittoria del Viet Minh. Le risorse di Diem consisterono in una volontà di ferro, nel sostegno degli Stati Uniti, nella lealtà del minoranza cattolica, e nella temporanea inattività, anche se non si poté definire una risorsa a favore di Diem, dell'organizzazione comunista del sud, di cui circa 90.000 attivisti furono riuniti al Nord. Fu in queste circostanze che la Central Intelligence Agency (CIA) cominciò a sviluppare il primo dei programmi che poi diventò il nucleo della campagna di pacificazione appoggiato dagli USA in Vietnam del sud. Queste iniziative sorsero quasi esclusivamente a Saigon, dove i quadri militari dell'esercito americano e sudvietnamita presero l'iniziativa di articolare le risposte alle incursioni comuniste sui contadini.

Questi programmi di pacificazione della CIA adottarono una prospettiva sul campo, basata non solo nel descrivere i programmi e i loro effetti, ma anche per informare l'Agenzia circa la natura della rivolta e dei mezzi più adatti per contrastarla. L'Agenzia capì meglio il senso delle rivolte rispetto al resto della burocrazia americana, e le sue risposte tattiche rifletterono almeno in parte una comprensione parziale delle condizioni rurali e della mentalità contadina. Ma questo spirito pragmatico non poté compensare interamente la mancata risoluzione di alcune importanti questioni chiave: la popolazione rurale ebbe la necessità di essere protetta da una presenza straniera che i contadini detestarono e a quali mancò solo il mezzo per espellerla? O fu il Governo del Vietnam del Sud (GVN) che stava fronteggiano un movimento politico il cui dinamismo permise la mobilitazione degli stessi abitanti dei villaggi, dei quali volle isolare dal movimento? O forse semplicemente gli abitanti del villaggio augurarono un "vaiolo" ad entrambi gli schieramenti, come molti funzionari americani e funzionari del governo di Diem stimarono?

Nonostante la percezione incoerente degli atteggiamenti dei Vietcong e dei contadini verso i comunisti e il governo di Saigon, gli ufficiali della CIA presero pienamente in considerazione gli effetti dell'incompetenza e degli abusi del Governo del Vietnam del Sud sulla classe contadina. Attraverso un approccio flessibile la CIA riuscì, insieme alle parti vietnamite e americane, a conseguire importanti successi locali in circostanze poco promettenti. I programmi di aiuti militari ed economici, in particolare, fornirono quasi tutte le risorse materiali per la difesa e per lo sviluppo fisico delle aree controllate dal GVN. Il Military Assistance Command Vietnam (MACV) e la US Agency for International Development (USAID) fecero enormi sforzi per migliorare le competenze e la motivazione dei componenti militari e civili del governo incaricati dell'amministrazione e della sicurezza rurale della regione. La libertà dai vincoli della dottrina istituzionale e il suo stile di gestione pragmatica fecero guadagnare alla CIA la leadership de facto degli sforzi americani nel trovare una formula di successo per la pacificazione. Nei primi due anni dell'amministrazione di Ngo Dinh Diem, dal 1954 al 1956, vi furono due "Stazioni" autonome della CIA: una "militare" e poco ortodossa guidata dal colonnello Edward Lansdale che interloquì direttamente al DCI (Director of Central Intelligence) Allen Dulles, e una Stazione regolare più convenzionale gestita successivamente da due ufficiali di carriera della Plans Directorate's Far East Division. La Stazione militare di Lansdale rivestì il compito di creare programmi di azione civica e militare per compensare l'assenza di un governo efficace nelle campagne. La Stazione regolare iniziò sperimentando un fronte politico organizzato come strumento di mobilitazione politica rurale. Diem, che non tollerò sempre queste iniziative, diede un tono unico al suo approccio riguardo la pacificazione rurale attraverso una campagna di repressione contro il Viet Minh che indiscriminatamente mirò sia gli aderenti comunisti e non. Il Viet Minh fu un un'organizzazione di facciata che racchiuse in sé molti non-comunisti tra i suoi membri, soprattutto durante la guerra contro i francesi conclusasi nel 1954.

L'intrattabilità di Diem e la dissoluzione della Stazione del colonnello Lansdale alla fine del 1956 portò ad un periodo in cui ci fu un notevole disimpegno dell'Agenzia che durò fino al 1961. Durante questo periodo, Diem distrusse quasi completamente l'organizzazione comunista nelle campagne ma in tal modo "seccò l'erba", come i maoisti descrissero il processo di alienazione dei contadini, e le insurrezioni armate autorizzate da Hanoi nel 1959 indebolirono gravemente l'influenza di Saigon sull'elettorato rurale.

Come detto, nel 1955, il presidente, violando gli accordi di Ginevra, lanciò una «Campagna di denuncia anticomunista», un programma di rieducazione politica che prese di mira i viet minh e i loro seguaci. Dieci mesi dopo, i suoi funzionari annunciarono di essere riusciti a recuperare al governo undicimila ex viet minh e di aver «completamente distrutto l'influenza comunista che dominò gli ultimi anni». Nel 1956 emanò un'ordinanza con la quale si ordinò l'arresto e la detenzione delle persone ritenute pericolose per lo Stato. L'ordine offrì la base legale per la creazione di campi di concentramento politici in tutto il paese; nello stesso anno le stime ufficiali fecero ammontare la popolazione nei campi a 20.000 persone, una cifra che dovette essere corretta maggiorandola, dato che nessuna autorità governativa controllò i campi e non furono permesse ispezioni esterne. I parlamentari americani che li visitarono probabilmente pensarono che tutti i prigionieri politici fossero comunisti. I campi in effetti racchiusero una vasta varietà di persone, dai dirigenti delle sette e dei partiti politici più piccoli ai membri della stampa e dei sindacati che rifiutarono di cooperare. Salvo qualche coraggiosa eccezione, gli americani residenti a Saigon in quel periodo non criticarono molto le leggi repressive né ammisero l'esistenza dei campi di prigionia. Al contrario, si dettero da fare per descrivere le «realizzazioni» del regime spostando lentamente l'accento dal tema della democrazia a quello della «direzione forte».

In effetti i funzionari americani a Saigon non furono per nulla ansiosi di vedere Diem adottare il sistema democratico; il maggiore obiettivo dei funzionari americani fu di creare a Saigon un governo che fosse in grado di scoraggiare il regime del nord e sopprimere i comunisti del sud. A questo fine, l'80 per cento circa dell'intera somma stanziata ogni anno per gli aiuti venne impiegata per sviluppare le ex forze coloniali francesi e un'altra grossa fetta per la creazione di una guardia civile e di altri servizi di sicurezza e di informazione.

Più che fare pressione su Diem perché si creasse un consenso tra le fazioni politiche o una base di appoggio popolare, i funzionari lo spinsero a rafforzare il controllo sulle campagne. Molti funzionari si spinsero così lontano da chiudere entrambi gli occhi sulle repressioni di Diem, mentre altri razionalizzarono tali repressioni affermando che furono necessarie in quel momento di crisi.

L'alleanza tra la famiglia Ngo e gli Stati Uniti fu mal assortita; gli americano volevano un'amministrazione abile, un dirigente forte, un uomo del popolo ma Diem non ebbe nulla di tutto ciò. Anche se i funzionari USA parlarono in modo significativo della sua esperienza di amministratore, il presidente in effetti possedé una limitata esperienza, acquisita nel piccolo protettorato dell'Annam.

Per quanto riguarda la quantità di denaro che gli americani fecero entrare nelle casse del governo diemista, un quarto di miliardo di dollari all'anno non sembrò molto agli americani, ma per i primi cinque anni del regime di Diem esso coprì l'intero costo delle forze armate del governo di Saigon e l'ottanta per cento di tutte le altre spese governative. L'aiuto americano, inoltre, sanò il deficit commerciale ammontante a 178 milioni all'anno. I funzionari americani sperarono agli inizi che il deficit diminuisse, ma esso continuò ad aumentare in seguito agli aumenti delle spese americane in favore dei servizi governativi.

Durante la prima metà degli anni '50, Diem era l'eroe della stampa americana, un uomo dai profondi sentimenti religiosi che, secondo «Life», aveva «salvato il suo popolo dalla prospettiva angosciosa» di un plebiscito nazionale. Questo «inflessibile uomo-miracolo», aveva edificato una nazione nel Sud Vietnam e arrestato «l'ondata rossa del comunismo in Asia». Più tardi, sei anni dopo soltanto, come ci fa notare la scrittrice Frances Fitzgerald, Diem sarebbe morto in una oscura stradina di Saigon e sarebbe stato accusato dagli stessi giornali che lo avevano venerato di essere un piccolo tiranno che aveva distrutto la società vietnamita e pregiudicato la causa del Mondo Libero in Asia. Dopotutto, Ngo Dinh Diem non era che un uomo, un fattore insignificante nel contesto della guerra americana presa nel suo complesso e delle vaste forze sociali che operavano nella società vietnamita. La decisione americana di spalleggiare Diem non fu di per sé una decisione politica importante; la linea politica mirante a sostenere un Vietnam non comunista fu formulata anni prima e lo stesso Diem non fu altro che un elemento della posizione di ripiego assunta in seguito al crollo francese.

Molti ufficiali statunitensi considerarono Diem come l'uomo più capace per guidare il nuovo governo sudvietnamita, ma altri non diedero pubblicamente il loro supporto. Questa diffidenza si poté dedurre dalle loro opinioni riguardanti le capacità del presidente vietnamita, ma anche dalla situazione politica molto difficile nella quale Diem fu costretto a gestire. Nei primi anni la sua politica parve avere successo; sebbene egli dovesse esprimere la forza della democrazia in un paese asiatico, i suoi metodi non rispecchiarono molto i principi ai quali dichiarò di ispirarsi. Qualche anno dopo, a seguito delle repressioni e dell'esilio dei comunisti dovuti alla campagna anti-comunista, il Vietnam del Sud apparve come un paese pacificato. Quando, nel maggio del 1957, Eisenhower fece visita al suo fedele alleato, mostrò di essere più che soddisfatto dall'esito della missione; nel comunicato finale dei colloqui fu addirittura formulata l'ipotesi che presto tutto il Viet Nam sarebbe stato pacificamente unificato. Ma l'apparenza della pacificazione non corrispose alla realtà dei fatti; nel Vietnam del sud, tra il 1954 e il 1957, in effetti ci fu un breve periodo di tranquillità, ma Diem non fece molto né per riorganizzare in modo democratico l'esercito né per mutare la situazione nelle campagne, nelle quali il nervosismo dei contadini verso una proprietà assenteista fu il terreno di coltura del comunismo. La sua politica fu rivolta soprattutto verso il consolidamento del suo regime e la distribuzione del potere fra uomini che gli furono fedeli anche per i vincoli famigliari che li legarono a lui. I limiti del miracolo affiorarono a partire dal 1957 quando i comunisti cominciarono a recuperare e ad acquistare il controllo di gran parte delle campagne.

La forza di Ngo Dinh Diem e la possibilità del suo regime non dipesero esclusivamente dagli aiuti economici e militari degli Stati Uniti, ma in ultima istanza dal consenso popolare; il governo sudvietnamita ricevette inizialmente l'appoggio dei profughi cattolici del nord e dei membri degli apparati militari, ma si trovò isolato dalle campagne e dagli ambienti rurali nelle quali il Viet Minh ebbe maggiore influenza e forza di persuasione. La mancanza di controllo nelle aree periferiche e nelle campagne fu percepita, soprattutto dai più prudenti consiglieri americani, come un limite sostanziale destinato a favorire i Viet Cong, come iniziarono ad essere definiti in termini dispregiativi i militanti del Viet Minh.

Alla vigilia della nomina a Presidente degli Stati Uniti, Jonh Fitzgerald Kennedy si preparò a ricevere un'eredità fallimentare; a lui spettò il compito di ridefinire i limiti dell'impegno americano. L'azione di JFK si sviluppò all'insegna della continuità ma venne resa più complessa e più incerta da paralleli sviluppi della situazione del Laos. Durante i primi mesi del 1960 il governo statunitense incrementò l'impegno militare ed economico per ridurre l'influenza comunista in Vietnam; l'obiettivo dell'amministrazione americana era quello di dare vita a uno stato filoamericano indipendente e separato nel Sud. Gli aiuti a Diem vennero quindi aumentati in quanto gli Stati Uniti percepirono il presidente sudvietnamita come l'alternativa nazionalista a Ho Chi Minh, ed fu evidente che qualsiasi protesta nei confronti della sua persona e del suo governo sarebbe stata considerata un atto ostile. Durante la prima metà del 1960 la popolazione sudvietnamita non riscontrò molta fiducia nei confronti del presidente Ngo Dinh Diem a causa dei suoi metodi oppressivi, della corruzione all'interno del governo e della sua natura cattolica; così per ottenere il consenso popolare necessario per affermare il governo diemista, il mandarino cattolico diede luogo al programma *Agrovilles*, dei villaggi fortificati dove la popolazione venne trasferita dai loro villaggi per contenere le infiltrazioni dei guerriglieri sudisti. Questo, legato alla già citata corruzione dei funzionari governativi, comportò la protesta del popolo e quindi la cessazione del programma. Ma il malumore venne percepito nell'intero Sud Vietnam, e in particolare tra i contadini, e nel novembre del 1960 il tenente colonnello Vuong Van Dong tentò un colpo di stato al presidente che però non modificò la situazione; infatti Diem riprese rapidamente il controllo. Così il governo centrale di Hanoi, nel Vietnam del Nord, creò la coalizione per la "liberazione del Sud"; il 20 dicembre 1960 si annunciò formalmente la creazione del Fronte liberazione nazionale del Vietnam del Sud (FNL).
Nel corso degli anni il FNL coordinò i problemi politici e sociali del Sud e, benché fosse composto dai comunisti vietnamiti, non lo si poté giudicare come un'organizzazione comunista ma come una coalizione guidata dai membri del partito, tenuta insieme da un programma

comune. Le operazioni e i provvedimenti attuati da Diem diedero luogo, quindi, all'inizio di una guerra civile che, a partire dal 1960, rappresentò una minaccia per il governo sudvietnamita.

> *"Il Presidente della Repubblica può decretare una sospensione temporanea dei diritti di libertà di circolazione e di residenza, di parola e di stampa, di riunione e di associazione, fi formare sindacati e di sciopero per legittime ragioni di pubblica sicurezza e difesa nazionale".*

Così l'articolo 98 della costituzione del 1956 assicurò poteri assai estesi al presidente; poteri a Diem e a suo fratello che andarono bel oltre la lettera costituzionale e si manifestarono in termini assolutamente incontrollati.

CAPITOLO TERZO: L'APPROCCIO DI KENNEDY AL VIETNAM DEL SUD

In un discorso al Senato statunitense nel giugno del 1957 John F. Kennedy dichiarò che:

"la più potente forza nel mondo in questo momento non è né il comunismo né il capitalismo, né la Bomba H e né i missili guidati – ma il desiderio eterno dell'uomo di essere libero e indipendente".

Kennedy aveva una certa familiarità con il territorio indocinese; era andato nel sudest asiatico già nel 1951 quando ancora il Laos, la Cambogia e il Vietnam erano tutti parte dell'Indocina francese. La linea ufficiale statunitense, durante la "prima guerra d'Indocina", fu quella di supportare i francesi nella loro lotta al nazionalismo vietnamita. Fece molti viaggi in Vietnam con lo scopo di raccogliere consigli per capire il malcontento vietnamita, ma fu impressionato dal fatto che anche a Saigon, dove i francesi dichiaravano di aver bloccato le forze del Viet Minh, il suono degli spari delle pistole si faceva sentire puntualmente ogni notte. Ritornato negli Stati Uniti alcuni mesi dopo e dopo aver tratto le prime conclusioni sulla situazione indocinese e in particolare quella del Vietnam meridionale, JFK fece un paio di discorsi alla stampa americana ritenendo la posizione francese una posizione coloniale ed evidenziò apertamente come il regime pro-francese fosse in realtà un governo fantoccio.

"In Indocina abbiamo dato sostegno allo sforzo disperato del regime francese di continuare i residui restanti dell'impero. Controllare la spinta comunista al sud ha senso, ma non solo attraverso la forza delle armi. Il compito è piuttosto quello di costruire un forte sentimento non-comunista in queste aree avendo come punta di diamante la difesa piuttosto che le legioni del generale de Lattre", disse Kennedy ritornando a Washington nel 1951.

Dall'inizio del 1954, quando il comandante francese a Dien Bien Phu supplicò per il supporto americano, John F. Dulles, Segretario di Stato durante l'amministrazione Eisenhower, dimenticando la rappresaglia massiccia, propose un attacco aereo alleato a Dien Bien Phu al ministro degli Esteri britannico Sir Anthony Eden. Il 6 aprile dello stesso anno al Senato americano, Kennedy osservò che se il popolo americano fosse andato in guerra avrebbe avuto il diritto di essere informato dettagliatamente sulla natura della lotta e sulle possibili alternative. "Sono convinto" - disse Kennedy - "che nessuna quantità di assistenza militare americana in Indocina potrà mai conquistare [...] 'un nemico del popolo' che ha la simpatia e l'appoggio di copertura del popolo stesso. Per gli Stati Uniti, intervenire unilateralmente e inviare truppe nel terreno più difficile al mondo, con i cinesi in grado di versare sul campo un illimitato numero di uomini, significherebbe trovarsi di fronte ad una situazione molto più difficile di quella incontrata in Corea". Il senatore Kennedy non fece alcuna dichiarazione sulla lotta francese a Dien Bien Phu che potesse compromettere l'aiuto americano in Indocina ma, secondo lui, versare denaro, materiale, e uomini nelle giungle dell'Indocina senza almeno una prospettiva remota di vittoria sarebbe stato pericolosamente inutile e autodistruttivo. Nonostante questa serie di discorsi circa la vittoria finale, ogni membro del Senato sapeva che la vittoria francese era disperatamente lontana malgrado le enormi quantità di aiuti economici e materiali provenienti dagli Stati Uniti, e nonostante una perdita esigua di truppe dell'esercito francese. L'invito della Francia a Ho Chi Minh di sedersi al tavolo negoziale (dopo che l'idea sovietica di una possibile conferenza a Ginevra venne discussa a Berlino alla conferenza della quattro potenze) sottolineò la lontananza di una tale vittoria finale, indipendentemente dal risultato a Dien Bien Phu. Fu per questi motivi che molti francesi rimasero ostili a continuare la lotta senza una maggiore assistenza da parte americana.

Quando venne eletto presidente degli Stati Uniti nel novembre del 1960 con i francesi già usciti di scena, John F. Kennedy dovette affrontare in Vietnam una situazione complessa, ma non drammatica. Il regime di Ngo Dinh Diem sembrava consolidarsi e l'azione militare della guerriglia, pur preoccupante sul piano locale, non venne ritenuta veramente pericolosa secondo i funzionari americani a Saigon. Il presidente Kennedy riconobbe le radici sociali del movimento comunista vietnamita e, se da un lato, giudicò necessario contrapporre ad esso una strategia più articolata, favorevole a un maggior sostegno economico verso le aree rurali con l'intento di togliere alla guerriglia l'appoggio dei contadini, dall'altro trasformò l'esercito sudvietnamita in una forza capace di contrastare la sovversione interna. JFK affermò che se "l'azione congiunta" poteva ottenere la vittoria sulle forze del comunismo, e quindi preservare la sicurezza e la libertà di tutto il sudest asiatico, allora tale azione unitaria sarebbe stata chiaramente utile. Tuttavia, se l'aumento dell'aiuto americano e l'utilizzo delle truppe avesse avuto come risultato solamente ulteriori dichiarazioni di fiducia senza una certezza della vittoria finale, allora l'amministrazione americana avrebbe dovuto rivalutare il suo impegno nel territorio indocinese.

Successivamente, dall'autunno del 1961 l'offensiva del FNL – Fronte Nazionale di Liberazione (gruppo di insorti sudisti creato nel dicembre del 1960 con l'obiettivo di rovesciare il regime diemista) – registrò notevoli successi nella regione del delta e sugli altopiani centrali. La minaccia apparve gravare su Saigon e suscitò grande emozione a Washington, dove il presidente Kennedy, per conservare a qualsiasi prezzo questo bastione del mondo libero, ampliò l'impegno statunitense in Vietnam poiché ritenne, come Eisenhower, che il conflitto fosse un'aggressione comunista nel periodo della guerra fredda e ritenendo la teoria del domino assai probabile in un contesto simile, pensò che una vittoria comunista in Vietnam avrebbe sollevato altri movimenti rivoluzionari nel terzo mondo, a tutto vantaggio dei sovietici e dei cinesi. In effetti, questo cambiamento così repentino di Kennedy riguardo le decisioni e il comportamento da tenere riguardo la questione vietnamita è alquanto strano poiché, come detto, sul finire del 1960, il presidente americano inseriva il Vietnam in un contesto difficile, ma non tragico in cui si stava per perdere tutto; anzi, appena insediatosi a Washington fece sapere ai suoi colleghi, funzionari e collaboratori a Washington che la «guerra del Vietnam» era una questione di tempo per gli Stati Uniti e che il "conflitto" poteva essere terminato con pochi mesi di intensi bombardamenti secondo i funzionari americani a Saigon.

Perché allora, pochi mesi dopo, la minaccia degli insorti comunisti apparve grave e obbligò Kennedy a prendere dei provvedimenti nei confronti sia del Vietnam del Sud che del regime di Diem? Cosa o chi ha fatto cambiare l'opinione che Kennedy aveva circa il regime di Diem?

3.1.   Il cambio di vedute del Presidente Kennedy

In un seminario patrocinato dagli "Amici Americani del Vietnam" tenutosi nel giugno del '56 l'allora senatore JFK annunciò che:

> «il Vietnam è il fondamento del mondo libero nel sudest asiatico…un banco di prova per la democrazia e una dimostrazione delle responsabilità e della determinazione americana in Asia».

L'idea che la missione degli Stati Uniti avrebbe edificato la democrazia nel mondo era diventata un luogo comune nella politica americana sul finire degli anni '50 inizio anni '60. Era più o meno dato per scontato che la democrazia, ossia la democrazia elettorale unita alla proprietà

privata e alle libertà civili, fosse quanto gli Stati Uniti erano in grado di offrire al Terzo Mondo. Ammesso che i funzionari americani credessero realmente sul fatto che gli asiatici desiderassero o avessero bisogno della democrazia – e molti funzionari non lo credevano – essi mancavano di sincerità a questo riguardo solo perché avevano bisogno di convincere il popolo americano della necessità di impegnarsi oltreoceano.

I primi mesi della presidenza Kennedy furono difficili; nel gennaio del 1961, appena una settimana dopo il suo insediamento, Kennedy pose la domanda che sarebbe stato logico fare: perché serviva una forza tanto grande per affrontare una minaccia così piccola? La risposta fu che l'incremento era necessario per permettere all'ARVN di affrontare sia la guerriglia nel sud sia la possibilità di un invasione del nord. Non vennero fatte però alcune domande riguardo quale situazione sarebbe stata quella più probabile e nessuno cercò di approfondire la questione su dove nascesse l'impopolarità di Diem. Rassicurato dal fatto che l'incremento degli aiuti finanziari e militari avrebbe permesso all'ARVN di assumere l'iniziativa sul campo, Kennedy approvò il piano economico-militare. Nello stesso mese, Kruschev espresse in linea generale il proprio sostegno ai movimenti di liberazione nazionale nelle colonie.

Il presidente statunitense accusò la vecchia amministrazione Eisenhower e la sua strategia di far affidamento sulla «rappresaglia massiccia» per rispondere alla minaccia sovietica. Questo stava a significare che gli USA non erano in grado di agire nell'area di cui aveva parlato Kruschev, il mondo coloniale, perché ovviamente le armi nucleari non erano adatte a guerre come quella in corso nel Vietnam del Sud. Quello che occorreva era rafforzare la capacità militare americana, sia nucleare che convenzionale. I tre anni della presidenza di JFK videro dunque un aumento di 17 miliardi di dollari nel bilancio della difesa.

Il contesto internazionale in cui si trova ad agire Kennedy è molto complesso; oltre che a questioni di natura interna e ideologica con l'Unione Sovietica, nell'aprile del 1961 il tentativo da parte di esuli cubani, appoggiati dal governo e dai servizi segreti statunitensi, di rovesciare il governo di Castro fallì, esponendo la nuova amministrazione alle critiche di tutte le fazioni politiche, e a giugno Kennedy si sentì umiliato da Kruscev a Vienna. Il presidente statunitense poteva anche promettere ai sopravissuti della Baia dei Porci che un giorno sarebbero ritornati all'Havana e rassicurare i cittadini di una Berlino divisa che anche lui era un berlinese, ma sapeva che si trattava di spavalderia. Da Eisenhower il presidente aveva ereditato non solo il regime tormentato di Diem, ma anche un governo di destra ancora più traballante in Laos. Eisenhower, lasciando la Casa Bianca, consigliò a Kennedy di inviare truppe americane in Laos per evitare che i comunisti del Pathet Laos conquistassero il potere; ma dopo il fiasco della Baia dei Porci, Kennedy confidò ad Arthur Schlesinger di essere contento della decisione di non intervenire in Laos: «se non fosse stato per Cuba avremmo potuto anche agire in Laos in questo modo». Per l'amministrazione Kennedy la necessità di appoggiare Diem e sconfiggere il FNL (Fronte Nazionale di Liberazione) cresceva quindi in proporzione diretta rispetto alle tribolazioni di politica internazionale in altre parti del mondo. Il Vietnam era la tessera di un domino e la sua «caduta» avrebbe trasformato il Pacifico in un mare sovietico, sottraendo agli Stati Uniti e ai loro alleati pedine che potenzialmente potevano essere mosse dalle mani comuniste.

Nell'appoggiare il presidente sudvietnamita Diem, la difficoltà nelle relazioni tra i due governi si riscontrava nel fatto che, sebbene il presidente sudvietnamita fosse d'accordo con i suoi consiglieri americani su problemi come quello dei profughi cattolici o del programma americano di aiuti, Diem non sembrava seguirli sulla questione della democrazia. Almeno in parte, come commenta la giornalista americana Frances Fitzgerald, il Presidente del Vietnam del Sud si era assunto la parte dell'imperatore confuciano; ne consegue che l'imperatore desiderava l'obbedienza del suo popolo e non l'appoggio, non voleva la maggioranza, ma l'unanimità. Quando Kennedy, che si era appellato ai suoi compatrioti dicendo che avrebbe risposto a qualsiasi richiesta di libertà in qualunque parte del mondo, cominciò a leggere i cablogrammi sul sudest asiatico, vi trovò notizie tutt'altro che incoraggianti. Nel Vietnam del Sud le sommosse guidate dai comunisti sembravano diffondersi a vista d'occhio; gli ufficiali sudvietnamiti addestrati dagli americani erano tutt'altro che fedeli e per di più chiaramente incompetenti. Agli inizi del 1961, il Generale Maxwell Taylor e il Ministro della Difesa Robert McNamara avevano previsto la necessità di impiegare truppe americane per proteggere il governo di Saigon. Il presidente Kennedy si era opposto a questa azione decisiva; tuttavia, dal 1961 in poi, l'impegno americano in Vietnam continuò adottando una serie di decisioni atte a dare un sempre maggior incremento. Inoltre, come fa notare l'ormai citata giornalista Fitzgerald, malgrado tutti gli studiosi di scienze sociali, gli americani non avevano una vera teoria dello sviluppo, non credevano veramente che lo sviluppo avrebbe portato a una riduzione delle rivolte. Per il governo degli Stati Uniti la «sicurezza», ossia l'occupazione militare del paese, aveva sempre il primo posto; la forma finale assunta dal governo di Diem era il riflesso di questa preoccupazione. Le preoccupazioni di Kennedy, riguardanti un possibile crollo dell'esercito sudvietnamita, vennero a galla nel settembre del 1961, quando i Vietcong occuparono il capoluogo di Phuoc Vinh; l'occupazione fu percepita da Washington come un brutto presagio. Kennedy inviò, così, a Saigon, nell'ottobre del 1961 il generale Maxwell Taylor, per un'analisi dettagliata della situazione sudvietnamita.

In tutto il periodo in cui Diem dominò, il governo americano destinò il novanta per cento circa dei suoi aiuti alla creazione di un esercito e di una burocrazia militare. Come dichiarò più volte Kennedy, l'obiettivo statunitense era quello di costruire un governo stabile nella zona del Vietnam al di sotto del 17° parallelo, rafforzandolo per mantenere la sua indipendenza nazionale. Tuttavia, la distribuzione degli aiuti non era arbitraria e a Washington i funzionari americani avevano concepito la loro politica non come un tentativo di aiuto ai vietnamiti ma come uno sforzo per difendere il 17° parallelo dai comunisti e quindi l'intero programma di aiuto e assistenza si prefigurava come un obiettivo militare e non più politico-economico, un obiettivo assolutamente negativo. In altre parole, la macchina statunitense aveva trasformato il governo di Saigon nella sua macchina militare la cui sola ragione era la lotta ai comunisti. L'unico problema era che la macchina non funzionava; le divisioni dell'esercito regolare non costituivano un appoggio valido alle politiche vietnamite e dal punto di vista americano, l'ERVN era più che altro un ammasso confuso di individui che per caso erano tutti armati di fucile.

3.2.   Kennedy, Diem e la situazione nel Sud Vietnam

L'ambasciatore statunitense Eldridge Durbrow a Saigon, in uno dei suoi rapporti, descrisse in questo modo la situazione in Vietnam sul finire del 1960:

"la situazione in Vietnam [Dicembre 1960] è molto critica per gli interessi americani. I comunisti sono impegnati con azioni di guerriglia su larga scala per prendere il controllo delle campagne e per estromettere il governo di Diem. Le loro attività sono continuamente cresciute d'intensità nel corso dell'anno. Inoltre Ngo Dinh Diem sta fronteggiando una diffusa insoddisfazione popolare a causa dell'incapacità del governo nel contenere l'ondata comunista e dei suoi metodi oppressivi nei confronti della popolazione vietnamita. Se vuole rimanere al potere deve rispondere a queste due sfide apportando miglioramenti nei suoi metodi di conduzione della guerra contro i comunisti e nella costruzione di un maggiore sostegno popolare. Dovremmo aiutarlo e incoraggiarlo ad adottare misure efficaci. Nel momento in cui non decidesse di apportare le modifiche sopra citate, potremmo anche essere costretti, in un futuro non troppo lontano, ad intraprendere il duro compito di identificare e sostenere una leadership alternativa".

Il 20 dicembre 1960 i comunisti formarono il Fronte di Liberazione Nazionale (FLN) per coordinare le questioni politiche del sud. Benché i comunisti vi predominassero, il FLN godette di ampio consenso e privilegiò l'indipendenza nazionale rispetto alla rivoluzione sociale. Promuovendo comunque la riforma agraria, si guadagnò l'appoggio dei contadini e anche se alcuni dei suoi membri si sentirono spinti ad arruolarsi a causa di pressioni sociali, la maggior parte aderì volontariamente. Il governo di Hanoi diede le direttive al FLN e fu pronto ad usare la forza per riunificare il paese. La conferenza di Ginevra, dunque, ritardò ma non concluse la guerra per l'indipendenza e l'unificazione, e all'inizio del 1961 i ribelli sudvietnamiti organizzarono la loro componente militare nell'Esercito Popolare Rivoluzionario (EPR).

Già nel 1959, i funzionari americani a Saigon avevano espresso serie riserve sulla leadership di Diem, sulle sue difficoltà nella gestione del governo e sul contenimento delle insurrezioni comuniste nel sud, stimando che:

"le prospettive di una duratura stabilità politica nel Vietnam del Sud dipendono pesantemente dal presidente Diem e dalla sua capacità di mantenere un fermo controllo dell'esercito e della polizia. Gli sforzi del regime per garantire la sicurezza interna e la sua convinzione che un governo autoritario sia necessario per gestire i problemi del paese si tradurranno in una continua repressione di potenziali elementi per l'opposizione. Questa politica di repressione impedirà inoltre la crescita di popolarità del regime e noi crediamo che l'insoddisfazione crescerà, soprattutto all'interno dell'amministrazione sudvietnamita".

Tuttavia, mentre i documenti politici riservati del 1959 e del 1960 affrontarono la questione, le dichiarazioni pubbliche dei funzionari statunitensi non fecero alcun riferimento al pericolo.
Infatti, il quadro presentato al pubblico e al Congresso dall'ambasciatore Durbrow e dal generale Williams evidenziava un

continuo progresso, un miglioramento della situazione anno dopo anno. Diem, in quegli anni, venne raffigurato dai vari funzionari americani come un leader forte e capace, saldamente al comando del proprio regime; nell'estate del 1959, l'Ambasciatore Durbrow e il Generale Williams avevano rassicurato la Commissione per gli Affari Esteri a Washington che la sicurezza interna del Vietnam non era in serio pericolo e che il Paese era in una buona posizione per far fronte all'invasione del nord più di quanto non lo fosse mai stato. Nell'autunno del 1959 il generale Williams aveva espresso il parere che, già dall'inizio del 1961, ci sarebbe stata la possibilità di ridurre i bilanci della difesa del governo sudvietnamita, e prima ancora, nella primavera del 1960, scrisse al senatore Mansfield avvisandolo del fatto che i consiglieri militari americani avrebbero potuto iniziare subito un graduale ritiro dal MAAG e l'anno successivo avrebbero potuto ritirarsi anche dal Vietnam.

I rapporti della CIA dello stesso periodo rivelavano però che la posizione politica di Diem era ormai compromessa; davanti alla situazione critica di Saigon, Kennedy reagì riaffermando l'obiettivo statunitense di impedire una vittoria comunista in Vietnam. Nonostante l'atteggiamento ottimista che alcuni funzionari americani mostrarono in pubblico, i diplomatici britannici, francesi e canadesi ritennero completamente mal riposta la fiducia statunitense in una vittoria militare di breve termine e nel sostegno popolare a Diem, ma l'amministrazione Kennedy, pur con varie riserve, reputò assolutamente inaccettabile l'alternativa di una potenziale vittoria dei comunisti.

Le stime dell'intelligence statunitense del 1960 ritenevano che la minaccia alla sicurezza interna del governo sudvietnamita era più preoccupante rispetto all'evidente pericolo di invasione da parte delle forze nordvietnamite. Durante il 1960 fino al maggio del 1961 i rapporti dei funzionari americani dell'ambasciata a Saigon furono critici nei confronti dell'atteggiamento di Diem, esprimendo un particolare scetticismo verso un possibile successo dei problemi di politica interna del presidente. Le stesse stime calcolarono male la forza numerica e politica dei vietcong, facendo una stima non adeguata del grado dello scontento rurale, e sopravvalutando le capacità militari del GVN.

Ma gli osservatori statunitensi non si resero pienamente conto della crescente insoddisfazione vietnamita, presumibilmente poiché dettero maggior peso agli elevati standard di vita del Vietnam del Sud rispetto a quelli dei suoi stati vicini, e all'atteggiamento paternalistico del governo di Diem verso il popolo. Inoltre, è probabile che non vedessero alcuna alternativa possibile al regime.

Dall'inizio del 1960, quindi, ci fu un declino generale nelle situazioni politiche e di sicurezza interna nel sud del Vietnam e questo peggioramento venne rafforzato nel momento in cui i vietcong intensificarono le attività terroristiche e di guerriglia. Secondo le stime dei consiglieri americani residenti a Saigon durante i primi mesi del 1960, i rancori, a lungo accumulati, nei confronti del governo, diventarono sempre più pressanti e chiari.

Per quanto riguarda la situazione politica, i funzionari statunitensi scrissero nei loro rapporti che il malcontento verso il governo di Diem si stava diffondendo tra gli intellettuali e le organizzazioni di lavoro aziendali e urbane; le critiche si focalizzarono soprattutto sul ruolo della famiglia Ngo, in particolare sul ruolo del fratello del Presidente, Ngo Dinh Nhu, e della signora Nhu; inoltre altro motivo di critica fu causato dalla costante influenza del Can Lao, dall'apparato semiclandestino del regime, e dalla crescente ed evidente corruzione nelle alte sfere del governo sudvietnamita. Alla fine di aprile, 18 vietnamiti di elevato rango all'interno del governo chiesero pubblicamente a Diem di liberalizzare il regime, di espandere la democrazia, di concedere una sovvenzione minima sui diritti civili e di riconoscere l'opposizione al fine di lasciare che le persone potessero parlare senza paura.

Un nuovo e ancora più importante elemento nella situazione politica fu la crescente critica all'interno degli ambienti governativi, tra cui la burocrazia e l'apparato militare, riguardante la leadership di Diem. Il Vice Presidente Tho fece conoscere la propria e seria preoccupazione della gestione di Diem riguardo il problema della sicurezza interna e criticò il potere e l'influenza esercitata da Nhu e dal suo entourage.

3.3.   Il programma delle "Agroville" e il Piano di Controinsurrezione

A causa della crescente instabilità nelle campagne e delle azioni di guerriglia da parte dei vietcong nelle zone rurali, il presidente Ngo Dinh Diem lanciò il Programma delle *Agroville* o "Centri di Sviluppo Rurale" verso la fine del 1959 e l'inizio del 1960. Lo scopo principale di questo programma fu quello di proteggere i contadini vietnamiti dai vietcong trasferendo le comunità rurali in aree controllate dall'Esercito della Repubblica del Vietnam (ARVN). Sebbene la maggior parte dei contadini vietnamiti fosse politicamente passiva, anche loro protestarono contro l'incompetenza e l'arroganza di molti funzionari vietnamiti sia locali che provinciali, contro la mancanza di una protezione efficace dai vietcong in molte parti del paese, contro la durezza con cui molti contadini furono costretti a contribuire con il loro lavoro ai programmi governativi e contro la situazione economica e gli effetti sociali del programma *agrovilles*. Di conseguenza, il governo di Diem fu privo di un sostegno positivo tra la gente delle campagne.

Il governo del Vietnam del Sud costruì diverse nuove comunità come parte del Programma *Agroville*, complete di scuole, cliniche mediche, ma gli incentivi finanziari per i contadini furono inadeguati e la popolazione contadina non mostrò alcun desiderio di lasciare la campagna. In molti casi l'ARVN dovette rimuovere forzatamente i contadini per trasferirli nelle nuove comunità ma come conseguenza di tali comportamenti vi fu un amaro risentimento contro il regime di Diem, anche perché gli ufficiali del regime diemista "reclutarono", o meglio obbligarono, i contadini ai lavori forzati per costruire questi centri di sviluppo rurale persino durante la stagione dei raccolti.

Le *agrovilles* raggruppavano fino a 10.000 persone intorno ad un nucleo amministrativo e commerciale per motivi di sicurezza, per l'estensione dei servizi pubblici sociali e per la promozione dello sviluppo economico. Il 30 aprile 1960, l'ambasciatore Durbrow, i funzionari del ministero vietnamita per l'Agricoltura e i funzionari provinciali visitarono *l'agroville* di Thanh Hoa-Vi Luu, che si trovava a circa 60 chilometri a sud ovest da Can Tho nella provincia di Phong Dinh. Secondo il dispaccio dell'ambasciatore del giugno 1960, la base su cui un modello di *agroville* doveva incentrarsi possedeva le seguenti caratteristiche: ogni famiglia doveva avere circa un ettaro di terreno; questa terra poi veniva utilizzata per coltivare le verdure e la frutta. Durante la stagione di crescita, l'agricoltore doveva tornare alla sua fattoria, da due a cinque chilometri di distanza, a coltivare il riso, mentre la sua famiglia rimaneva nell'*agroville*. Due o tre di esse, da quanto scritto nel rapporto dell'ambasciatore Durbrow, furono previste per ciascuna delle province del sud-ovest del paese, una decina delle quali sarebbero state completate entro il mese di luglio. Inoltre, sempre secondo quanto riportato dal dispaccio di Durbrow, il governo sudvietnamita programmò i cosiddetti "agglomerated hamlets" che erano delle *agrovilles* più piccole con una capacità da 1000 a 1500 persone ciascuna. Secondo i piani del governo diemista, ogni *agroville* avrebbe ricevuto un credito iniziale di 1.000.000 di dollari e un prestito di 400.000 dollari.

Fondamentalmente le prospettive che il governo sudvietnamita e anche quello americano speravano di ottenere con questo nuovo sistema di redistribuzione della popolazione e delle terre furono quelle di, innanzitutto, raggruppare le persone per impedire che i vietcong esercitassero la loro pressione su di esse. L'intento era quello di separare i contadini dagli insorti in modo che quest'ultimi non avessero l'appoggio della gente rurale e neanche il reclutamento di individui per incrementare il numero di rivoluzionari; il tutto si fece concentrando le persone sotto la supervisione delle forze di sicurezza, creando nuove comunità e portando a compimento le riforme agrarie. Presumibilmente in questo modo il governo di Diem avrebbe riacquistato una certa confidenza con la classe contadina delle zone rurali, riportando pace e stabilità all'interno di questi territori; condizione necessaria se voleva che il suo programma di governo non collassasse e che gli insorti vietcong non acquistassero sempre più potere, forza e prestigio tra la popolazione vietnamita.

Diversamente da quanto sperato, il programma fu un disastro. I nuovi insediamenti di fatto diedero ai ribelli un motivo in più per reclutare un'ingente massa di contadini scontenti che si ribellavano alle condizioni di vita e all'imposizione forzata in questi centri di sviluppo rurale. Il culmine del programma *agrovilles* coincise con il punto di decollo della resistenza meridionale e negli ultimi mesi del 1960 il programma venne annullato; l'enorme somma di denaro spesa per l'edificazione di questi "agglomerati urbani" venne giustificata per la costruzione di un modello di propaganda in grado di convincere i contadini dei vantaggi sociali, economici, e della sicurezza della vita nelle *agrovilles*.

I funzionari americani affermarono che dalla fine del 1959 la dimensione dell'apparato di guerriglia vietcong in Vietnam del Sud aumentò notevolmente e che il numero di persone appartenenti si aggirasse attorno alle 8,000-10,000 unità a seguito delle infiltrazioni e a causa del reclutamento locale; le reclute locali migliorarono sempre più il controllo vietcong e l'influenza sulle aree di campagna. Secondo le stime dei consiglieri statunitensi la forza dei Vietcong stava circondando Saigon e percepirono un aumento dell'attività della guerriglia negli altopiani centrali, in particolare nelle regioni direttamente confinanti con il Laos. I guerriglieri aumentarono i loro attacchi terroristici contro gli abitanti dei villaggi e contro i funzionari locali; come conseguenza di ciò, oltre 2.600 civili, per lo più funzionari del governo e simpatizzanti, furono assassinati o rapiti dai Vietcong. In base alle valutazioni dei quadri statunitensi residenti a Saigon in quel periodo, il peggioramento dell'attività Vietcong, accompagnata da un intensa campagna di propaganda da parte di Hanoi, avrebbe potuto portare ad un aumento della pressione comunista sul governo del Sud; ed inoltre la crescente insoddisfazione nei confronti del governo di Diem avrebbe potuto favorire il regime di Hanoi, sostenuto e guidato dai comunisti cinesi, ad agire in maniera più concreta. Stando a quanto riportato dai funzionari dell'ambasciata americana, i comunisti cinesi considerarono il Vietnam del Sud come un'area incoraggiante per indebolire la posizione degli Stati Uniti nel sud-est asiatico. Dal punto di vista cinese, furono presenti molti elementi favorevoli: un apparato indigeno di guerriglia efficace per il controllo comunista, un governo privo di un sostegno positivo dal suo popolo, e l'impegno politico ampiamente riconosciuto degli Stati Uniti nel Vietnam del Sud. Le stime dei generali americani furono poco rassicuranti perché dai loro rapporti emerse che i Vietcong mantennero la pressione sui funzionari provinciali e sugli impianti governativi e avrebbero potuto in qualsiasi momento ritornare alle azioni di guerriglia su grande scala volte a vanificare l'autorità del governo nelle zone rurali. L'insoddisfazione e il malcontento per il governo continuò a salire e a causa della corruzione e degli eccessi del regime di Diem, la situazione peggiorò ulteriormente. Nel marzo del 1960, Washington si rese conto che i Viet Cong fecero progressi significativi contro Diem, e che quindi i programmi di aiuti americani dovevano essere riconfigurati. Non essendo assolutamente contemplabile un cambiamento di rotta, l'inefficacia dell'ARVN nel contrastare i guerriglieri divenne una preoccupazione crescente. Tra i primi rapporti a catturare l'attenzione del neo-eletto presidente Kennedy ci fu uno studio chiamato *Basic Counterinsurgency Plan for Viet Nam* (Piano di base per la contro insurrezione in Viet Nam) scaturito dalla conferenza di Okinawa nell'aprile del 1960 dove si riconobbe la necessità di preparare l'esercito vietnamita all'attività di controinsurrezione.

A livello pratico i piani americani relativi alla controinsurrezione consistevano nello stabilire il controllo sulla popolazione attraverso mezzi militari e amministrativi. Secondo il piano i vietnamiti nelle campagne erano disposti a sostenere qualsiasi schieramento avesse il potere; l'obiettivo era far in modo che il potere l'avesse Diem. Il piano cominciava esponendo in termini misurati il quadro della situazione in cui l'andamento generale era «avverso» poiché l'attività vietcong era diffusa e il malcontento nei confronti di Diem era «prevalente» in tutti i settori della società vietnamita.

Quando Kennedy si insediò a Washington decise di appoggiare il piano di controinsurrezione e di farne un progetto personale; le tattiche adottate da questo piano riguardavano una serie di interventi per sconfiggere la rivolta vietcong contro il governo di Diem. I ribelli sudvietnamiti facevano ricorso a tattiche di guerriglia per colpire Saigon e i suoi apparati amministrativi, al fine di ottenerne il controllo politico; di conseguenza la base di una buona controinsurrezione doveva fornire sicurezza alla popolazione, infondere la fiducia in essa e ottenerne il controllo. A questo proposito, reparti armati speciali, denominati Berretti Verdi, addestrarono l'esercito sudvietnamita in tattiche di controguerriglia, mentre la CIA mise in atto un programma locale di difesa denominato "Civilian Irregular Defense Groups (CIDG)". Per garantire la sicurezza e la sorveglianza negli altipiani, la maggior parte di questi gruppi reclutò i nativi di quelle zone montuose, chiamati genericamente *montagnards*: si trattò, nel complesso, di circa un milione di persone divise in 30 tribù, la cui cultura etnica si distinse da quella della maggior parte dei vietnamiti residenti nelle zone costiere o nelle valli dei fiumi. Inoltre il Joint Chief of Staff destinò una parte del piano alla coordinazione delle diverse agenzie statunitensi, alla fornitura di assistenza al GVN, e all'ottimizzazione dei programmi rurali del governo di Diem. Si decise che nell'esercito del Vietnam del sud si dovesse sviluppare una capacità di anti-guerriglia all'interno della struttura delle forze regolari; il generale McGarr che sostituì il generale Williams, in linea con le direttive del Joint Chief of Staff, cominciò prontamente a premere per l'addestramento della RVNAF (Republic of Vietnam Armed Force) per dare vita alla "guerriglia anti-guerriglia". Già durante il 1959 Diem tentò di formare alcune "unità speciali di commando" dalle sue forze regolari ma il MAAG si oppose a tale operazione perché c'era il pericolo di un possibile esaurimento della forza convenzionale. All'inizio del 1961 i principali elementi delle forze armate della Repubblica del Vietnam (RVNAF) furono tre quartieri generali, sette divisioni di fanteria, una brigata aerea, circa 9.000

Rangers, tre battaglioni della Marina e un piccolo numero di unità per il supporto logistico. Il MAAG stimò che le forze armate della Repubblica del Vietnam furono circa 13.000 unità ed evidenziò come la Guardia Civile che la Self-Defense Corps non fossero ancora ben addestrate. La Guardia Civile e la Self-Defense Corps non furono però considerate parte dell'esercito della Repubblica del Vietnam o delle forze armate fino al 1964. Considerata la crescente insurrezione, questi livelli di forza furono aumentati e sia il programma di formazione che l'organizzazione dell'esercito vennero modificati per fornire alle forze armate una notevole e rafforzata capacità di controinsurrezione.

Il piano però registrò una sostanziale differenza tra l'ambasciata americana a Saigon e il MAAG; il Generale McGarr auspicò per un aumento del livello di forza del RVNAF di circa 20.000 soldati, mentre l'ambasciatore Durbrow mantenne delle riserve sulla necessità di incorporare forze aggiuntive. La posizione dell'ambasciatore poggiava sul presupposto secondo cui gli Stati Uniti non avrebbero dovuto fornire fondi a tal fine finché Diem non fosse stato pronto a prendere le misure politiche proposte dall'ambasciatore volte a liberalizzare il GVN; nel mese di marzo, l'ambasciatore Durbrow fu rimpiazzato da Frederick E. Nolting.

3.4. I provvedimenti e la nuova strategia dell'amministrazione Kennedy

Il 28 gennaio 1961, dieci giorni dopo l'insediamento a Washington, Kennedy approvò il Counterinsurgency Plan (CIP) e autorizzò un aumento di aiuti pari a 41 milioni dollari per il Vietnam in modo da migliorare la Guardia Civile; fu in questa fase che l'amministrazione Kennedy iniziò i suoi sforzi per contrastare l'insurrezione nel Vietnam del sud. Il CIP divenne la base di un intervento esteso degli Stati Uniti in Vietnam; gli Stati Uniti offrirono 28,4 milioni dollari per sostenere un aumento di 20.000 uomini nel ARVN (per un totale di 170.000

unità); inoltre 12,7 milioni di dollari furono offerti per addestrare, equipaggiare e fornire 32000 uomini della Guardia Civile. Durante questo periodo non venne mai raggiunto nessun accordo sulla questione riguardante la strategia da adottare; infatti il presidente Diem intese per strategia degli avamposti "strategici", le Agroville e l'esercito sudvietnamita sparso per tutto il paese; il MAAG invece ebbe come strategia l'impiego di piccole unità che operavano su aree pacificate per trovare il nemico, in modo da estendere la sicurezza in tutto il Vietnam. Le riforme civili sollecitarono Diem ad allargare il proprio governo, includendo i leader dell'opposizione politica, concedendo all'Assemblea Nazionale il potere di indagare sulla cattiva gestione e sulla corruzione nell'esecutivo ed istituendo azioni civiche volte a conquistare i cuori, le menti e la fedeltà dei contadini.

Il Presidente sudvietnamita temporeggiò per l'attuazione delle cosiddette "promesse importanti" quali stabilire una CIO (Central Intelligence Organization), mettere il controllo operativo per le operazioni anti-insurrezionali sotto il sistema di comando militare, apportare delle riforme al governo e all'amministrazione governativa. Dall'altra parte, Washington mantenne il "via libera" per gli aiuti finché Diem era nella fase di stallo, anche se il Joint Chief of Staff e il MAAG a Saigon furono infastiditi dal ritardo ed erano impazienti di andare avanti con la guerra.

Infine, a metà maggio (dopo che Durbrow concluse la sua visita di quattro anni in Vietnam) Diem implementò alcune "promesse importanti" come stabilire una CIO ma la situazione non cambiò affatto. Nonostante i suoi successi, la leadership nazionale del Vietnam del Sud non generò mai un notevole sostegno pubblico attivo. Secondo i consiglieri americani mandati in Vietnam dall'amministrazione Kennedy, il Presidente Diem e il suo governo furono, durante questo periodo, più seriamente criticati e contestati, soprattutto dai membri della burocrazia e dall'apparato militare, che in qualsiasi altro momento da quando consolidarono la loro autorità nel 1955-'56. La critica e l'insoddisfazione derivarono principalmente, secondo i consiglieri, dalla seria preoccupazione per la situazione della sicurezza interna e dal sistema di governo della famiglia di Diem. Nonostante il suo prestigio personale, il presidente sudvietnamita rimase una figura distaccata e poco stimolante per i vietnamiti; la propaganda comunista inoltre intensificò l'insoddisfazione dell'opinione pubblica contro il governo di Diem, in particolare tra i contadini e i gruppi di lavoro urbani. Questo regime fortemente centralizzato fornì senza ombra di dubbio una leadership intraprendente e stabile, ma alienò molti vietnamiti del Sud politicamente validi e impedì la crescita di forti istituzioni governative e politiche che avrebbero fornito la stabilità e la gestione totale, aspetti mancanti nel Vietnam del sud.

I consiglieri statunitensi dell'ambasciata a Saigon riportarono nei loro resoconti che un certo numero di funzionari, tra cui il Vice Presidente Nguyen Ngoc Tho e alcuni membri importanti del governo, tra cui la burocrazia e le forze armate, misero in serio dubbio la capacità di Diem di guidare il governo, portando il popolo, sempre più spesso, a manifestare contro i comunisti durante quello che essi considerarono come il periodo più critico dalla fine della guerra d'Indocina. Inoltre, il fatto che il *Can Lao*, un apparato politico segreto, fu utilizzato da Diem e dai suoi fratelli, Nhu e Ngo Dinh Can, non solo per garantire l'attuazione della politica, ma anche per mantenere l'ordine nell'apparato governativo, creò un notevole antagonismo all'interno della gerarchia militare e della pubblica amministrazione.

Dal punto di vista militare il CIP aveva l'obiettivo di controllare la maggior parte del Vietnam del sud e di far si che il governo di Saigon avesse un appoggio popolare notevole; venne fatto un programma approssimativo in cui le operazioni del 1962 si sarebbero concentrate sulle sei province intorno a Saigon e sulla zona di Kontum. Secondariamente, nel 1963, ci sarebbe stata l'espansione delle operazioni nel sud del Delta e nella zona a sud degli Altopiani Centrali di Kontum. La terza priorità (1964) sarebbe stata quella di diffondere il controllo GVN negli altopiani e spostare l'accento del sud a nord e ad est delle province di Saigon. Secondo questo programma, la maggior parte dei ribelli sarebbe stata controllata dal 1965. Quindi, come si può vedere, le operazioni di controguerriglia non andarono ad intaccare le zone del nord spingendo le truppe sudvietnamite e americane in scontri contro i vietcong; mossa che avrebbe notevolmente peggiorato sia la posizione di Diem sia quella dei consiglieri americani. Parallelamente, sotto il piano strettamente politico-economico, il *Counterinsurgency Plan* divenne un grosso investimento e il più remoto fallimento spaventava l'amministrazione americana; il governo statunitense e in particolare Kennedy ribadì l'obiettivo di costruire nel Vietnam del Sud una nazione indipendente, basata sulla democrazia e infondendo i valori di libertà. Per cui l'ingente quantità di dollari americani che riempirono le tasche di Diem, da una parte ovviamente avevano lo scopo di rafforzare l'esercito e costruire strutture militari in grado di contrastare un possibile attacco nordvietnamita, dall'altra parte, però, per un breve periodo furono l'arma con la quale Kennedy poteva contrastare non solo la propaganda ma anche la popolarità dei vietcong tra la popolazione contadina. Nel gennaio del 1961, poco dopo l'insediamento di Kennedy, il Generale Lansdale visitò il Vietnam per due settimane al termine delle quali scrisse un rapporto sulla situazione interna del sud, sulle relazioni di Diem con Washington e sull'efficienza e l'efficacia del suo governo. Nel suo rapporto, il Generale Lansdale evidenziò ulteriormente la situazione tragica del Vietnam affermando che:

> *"gli sviluppi nel Sud Vietnam sono sfavorevoli alla stabilità e all'efficacia del governo del presidente Diem. A partire dal dicembre 1959 e fino ad oggi [1961], c'è stato un incremento delle attività terroristiche e di guerriglia dei Viet Cong in tutto il Sud. Tali attività hanno incluso una propaganda armata e la distribuzione di volantini, una tassazione del cibo, del denaro e delle medicine, rapimenti e uccisioni di funzionari di villaggi, imboscate sulle strade e attacchi armati contro le agrovilles, la Guardia Civile e contro le postazioni del Self Defense Corps. L'uso di queste tattiche Viet Cong hanno come obiettivo militare e politico il rovesciamento del governo di Diem. I loro obiettivi immediati sono l'eliminazione del governo sudvietnamita nelle aree rurali, in particolare il delta del Mekong, per stabilire le cosiddette "zone liberate".*

Per quanto riguarda la questione militare, Lansdale riportò che sia il Presidente Diem che le autorità militari della RVNAF produssero un notevole miglioramento nella costruzione di un organo militare nazionale; inoltre alcune delle azioni previste dal Counterinsurgency Plan furono effettivamente attuate e altre erano state prese in considerazione da parte delle autorità delle forze armate sudvietnamite. I piani del GVN per l'attuazione delle misure anti-insurrezionali, secondo quanto scritto nel rapporto, procedettero a un ritmo crescente in concomitanza con la preparazione del piano di controinsurrezione. Ma la capacità di intelligence militare del RVNAF non fu sufficiente per supportare tutti i requisiti di tutti i vertici delle forze armate; anche se il GVN fu d'accordo nel sostenere che il miglioramento delle agenzie di intelligence era necessario, esse non furono adeguatamente integrate con i diversi sistemi di intelligence militare e semi-militari; inoltre i servizi segreti militari vietnamiti furono troppo lenti per una reazione tattica tempestiva. Il motivo principale della lentezza fu la totale mancanza di un adeguato sistema di comunicazioni civili nelle province. Mentre il sistema di comunicazioni del comando militare fu per la maggior parte delle volte il migliore, fu spesso inadeguato, sovraffollato, e non abbastanza completo per la raccolta e la diffusione di informazioni.

Per tutto il periodo in cui gli Stati Uniti operarono nel Sud del Vietnam per il supporto del regime di Diem, pensarono che il governo del presidente cattolico era la miglior speranza per sconfiggere i Vietcong e se fosse stato rovesciato non sarebbero stati in grado di trovare una valida alternativa. Diem non volle attuare nessuna riforma perché temeva che fare una concessione avrebbe indebolito la sua presa sul governo: di conseguenza, come sostenne Lansdale, gli Stati Uniti dovevano necessariamente rassicurare il presidente sul fermo sostegno americano. Edward Lansdale era diventato famoso per il suo lavoro nelle Filippine come consulente nella campagna contro gli insorti Huk. Dal 1955 al 1956 era stato una figura chiave per l'installazione di Diem come presidente del Sud-Vietnam. Come detto, visitò il Vietnam nei primi giorni di gennaio e secondo lui:

"gli Stati Uniti devono sostenere Ngo Dinh Diem fino a quando non ci sarà un altro esecutivo in grado di sostituirlo. Il Presidente Diem sente che gli americani lo hanno attaccato quasi con lo stesso accanimento dei comunisti, e lui si è ritirato in un guscio di auto-protezione. Dobbiamo fargli vedere con i fatti, non solo con le parole, che NOI siamo il suo amico. Questo renderà la nostra influenza nuovamente efficace [...]. Se il prossimo funzionario americano che parlerà con il presidente Diem avrà il buon senso di vederlo come un essere umano che ha vissuto nell'inferno per anni, e non come un avversario da battere, si inizierà a riguadagnare in modo sano la nostra influenza nei suoi confronti".

Lansdale ritenne Ngo Dinh Diem l'unico vietnamita con la capacità esecutiva e la determinazione necessaria per essere un presidente efficace e avvisò Washington che ben presto ci sarebbe stata la possibilità di un altro tentativo di sbarazzarsi del presidente, a meno che gli Stati Uniti non mettessero in chiaro il loro appoggio al presidente sudvietnamita. Il generale statunitense ripeté di avviare un ulteriore sforzo per supportare Diem e di dimostrarlo immediatamente. Inoltre "consigliò" il trasferimento di Durbrow (era "troppo vicino alle foreste" e non era creduto dal GVN, disse successivamente) e l'adozione veloce di programmi sociali, economici, politici e militari per dimostrare a Diem l'appoggio americano in modo da aiutarlo a stabilizzare le campagne. Il punto di vista della situazione in Vietnam di Lansdale non venne subito accolto, anche se Hilsman comunicò che il rapporto del Generale aveva impressionato Kennedy sufficientemente da fargli prendere in considerazione l'invio di Lansdale stesso a Saigon come nuovo ambasciatore. Invece, ciò che fece Kennedy fu semplicemente quello di lasciare andare avanti l'ambasciatore Durbrow, ereditato dalla amministrazione Eisenhower, e fare una prova con il piano e le tattiche negoziali già preparate. Tornato dal suo viaggio in Vietnam, Lansdale scrisse una lettera al Presidente e suo amico Ngo Dinh Diem rassicurandolo del fatto che, a Washington, richiamò immediatamente l'attenzione sui gravi problemi causati dalla minaccia Vietcong e il bisogno di un supporto ulteriore degli Stati Uniti; in particolare, fece sapere a Diem che il Segretario Gates e il Segretario alla Difesa Douglas furono talmente interessati alla situazione che richiamarono l'attenzione del personale d'èlite della Casa Bianca e del Dipartimento di Stato; lo stesso si poté dire per i leader delle difesa americana quali il Segretario McNamara e il vice segretario Gilpatric.

Nel 1961 fu chiaro agli ambienti più vicini al presidente Kennedy che il FNL minacciava la vita stessa del regime di Diem; era necessario adottare nuovi provvedimenti se si voleva che il regime sopravvivesse a lungo. Il Segretario della Difesa McNamara raccomandò che gli Stati Uniti si impegnassero esplicitamente a difendere il Sud Vietnam e ad appoggiare tale impegno con l'invio di forze USA «su scala massiccia», forze necessarie per ottenere la vittoria militare. Il Presidente Kennedy non accettò la raccomandazione di McNamara ma raddoppiò il numero degli uomini assegnando alla RVNA, come consiglieri, sedicimila soldati americani; nello stesso tempo aumentò l'aiuto al governo di Saigon, rafforzò le unità vietnamite con squadriglie di elicotteri e aerei americani e varò una programma della CIA mirante a condurre azioni di sabotaggio contro la Repubblica Democratica del Vietnam (RDVN) nel Laos e nel Nord e Sud Vietnam.

Il 12 aprile del 1961, Walt W. Rostow, il Vice Assistente Speciale del Presidente per gli Affari di Sicurezza Nazionale, scrisse al presidente Kennedy suggerendogli diverse vie per preparare l'intera operazione nel Vietnam. Tra le possibili linee di azione che furono inoltrate a Kennedy, quelle più importanti riguardarono:

1. Una possibile visita in Vietnam del Vice Presidente Johnson;

2. Una possibile visita negli Stati Uniti del Segretario di Stato Vietnamita alla Presidenza Segretario di Stato per la Difesa Nazionale, Nguyen Dinh Thuan;

3. L'invio in Vietnam di un team di ricerca e sviluppo hardware e militare che avrebbe esplorato con il

generale McGarr quali delle varie tecniche e strumenti attualmente disponibili o in fase di studio avrebbero potuto essere rilevanti e utili per l'operazione del Vietnam.

4. L'aumento del MAAG, finché non si fosse riuscito a trovare un modo alternativo per introdurre nel VietNam un numero considerevole di Forze Speciali;

5. Le tattiche di persuasione nei confronti di Diem per muoversi più rapidamente e per ampliare la base del suo governo, nonché di diminuire la sua centralizzazione e migliorarne l'efficienza.

I nuovi provvedimenti non fermarono il Fronte Nazionale di Liberazione; nel 1961 i funzionari americani presentarono al regime di Diem nuove richieste di riforme politiche, economiche e militari. Ritennero che Diem le avrebbe accettare in quanto, con l'aumento degli aiuti militari, gli americani compirono i passi necessari per trasformare i loro rapporti di «consiglieri» in una «associazione limitata» con il governo di Saigon. Il MAAG – Military Aid and Assistance Group divenne il MACV – Military Assistance Command Vietnam, simile a un quartier generale delle operazioni in un teatro di guerra.

Poco giorni dopo il rapporto di Rostow al Presidente, e più precisamente il 22 aprile, Kennedy varò il programma per una task force presidenziale in Vietnam quale obiettivo principale fu quello di contenere la pressione e l'influenza comunista, e mantenere un forte e libero Sud Vietnam. Sul piano politico gli Stati Uniti adottarono misure necessarie a realizzare la struttura di un partito non comunista per ridurre il pericolo di un colpo di stato e per rafforzare l'amministrazione politica; inoltre un altro compito della task force fu quello di eliminare le restrizioni degli Stati Uniti sul numero di personale militare americano in Vietnam, secondo i termini dell'accordo di Ginevra del 1954 e assistere il governo vietnamita con idee particolari per renderlo più conforme alle esigenze della sua gente. Sul piano militare, l'incarico primario fu quello di intraprendere azioni per un ulteriore sostegno degli Stati Uniti dei progetti militari ritenuti necessari, compresi i finanziamenti (come il Generale Lansdale consigliò al Presidente); questo venne fatto introducendo personale selezionato, la maggior parte altamente qualificato nel combattimento anti-guerriglia in Vietnam. Tale personale fu in grado di assistere le forze armate vietnamite nelle operazioni di combattimento; inoltre, venne stabilita una sezione "Ricerca e Sviluppo" della RVNAF, con l'aiuto di un piccolo gruppo di americani, per sviluppare ed applicare nuove tecniche da utilizzare contro i comunisti Viet-Cong. Per quanto riguarda l'aspetto psicologico, il programma incluse lo sviluppo di una zona agricola a sud della Linea di demarcazione del 17° parallelo come una sorta di "teatro" dell'azione democratica del regime; questo progetto fu realizzato da un team combinato di vietnamiti, americani e filippini. Inoltre, grazie alle azioni delle truppe americane per bonificare le aree, furono avviati progetti simili nelle aree non più dominate dai ribelli in modo da aumentare il morale della gente. Altro strumento per la lotta psicologica fu quello di sfruttare la riabilitazione dei prigionieri comunisti Viet Cong detenuti nel Sud Vietnam; in questo modo la riabilitazione avrebbe testimoniato gli errori del comunismo attraverso una campagna psicologica nei settori comunisti, tra cui anche il Vietnam del Nord.

Per supportare l'impatto psicologico americano fu importante inviare in Vietnam, durante questo periodo, personale politico illustre che facesse notizia e che partecipasse alle attività politiche ed economiche; infatti, nel maggio del 1961, il vice presidente Johnson fece una visita in Vietnam che si rivelò fondamentale per capire maggiormente i problemi del sud e per avviare ulteriori azioni volte a intensificare l'aiuto americano a Diem. Come ultimo punto il Presidente chiese di fornire assistenza americana al governo vietnamita per effettuare una campagna psicologica efficace contro gli obiettivi comunisti, così come anche una campagna per ottenere il sostegno più attivo della popolazione non-comunista, sia all'interno del Vietnam che nei paesi circostanti.

In maggio, Kennedy inviò a Saigon il vicepresidente Lyndon B. Johnson con il compito di studiare il modo per fornire a Diem altri aiuti, al fine (come scrisse Kennedy a Diem nella lettera consegnata a Johnson) «di intensificare gli sforzi per vincere la lotta contro il comunismo e favorire la crescita sociale e l'avanzamento economico del Vietnam mediante un'azione comune».

Quando Diem parlò delle sue preoccupazioni circa la politica americana in Laos, Johnson, comportandosi ovviamente secondo le istruzioni di Kennedy, sollevò la possibilità di un eventuale stazionamento delle truppe americane in Vietnam o di un possibile trattato bilaterale; ma Diem, in quel momento, non accettò nessuna delle sue opzioni. Poche settimane dopo, nel giugno, Diem, rispondendo all'invito di Kennedy trasmesso attraverso Johnson, inviò un suo delegato a Washington con una lettera che descrisse i "bisogni militare essenziali di Saigon". Diem, attraverso la lettera, chiese un forte aumento del sostegno degli Stati Uniti per le forze vietnamite (sufficiente per aumentare la forza dell'ARVN dagli attuali 170.000 a 270.000 uomini), e anche l'invio di "elementi selezionati delle Forze Armate americane", sia per la creazione di centri di formazione per i vietnamiti e sia come effettivo simbolo dell'impegno americano in Vietnam. La proposta, scrisse Diem, fu elaborata con la consulenza degli uomini del MAAG a Saigon, il cui capo, insieme al Joint Chief of Staff e almeno alcuni funzionari civili, favorirono fortemente lo stazionamento delle truppe americane in Vietnam. La questione per un maggiore sostegno delle forze vietnamite fu risolta, alla fine, attraverso la Missione Staley; si trattò di un gruppo di esperti economici destinati a lavorare con un gruppo vietnamita su questioni di politica economica. Sulla base della relazione di Staley, gli Stati Uniti convennero nel sostenere un ulteriore aumento di 30.000 uomini nel RVNAF; gli Stati Uniti a maggio, furono ancora agganciati alla formula di cercare di convincere Diem di riformare, invece dell'altrettanto infruttuosa formula di gennaio di cercare di pressarlo per la riforme.

In un periodo durante il quale Kennedy fu alle prese con le varie questioni interne, con Cuba e con l'Europa, fu preoccupato anche dello scontro politico nel Vietnam del Sud, dove l'insurrezione sostenuta dal regime comunista del Nord Vietnam di Hanoi sembrò in grado di rovesciare il governo filo-occidentale di Ngo Dinh Diem a meno che Washington non rafforzasse il suo governo nell'area. Nel 1961, JFK disse ai consiglieri americani che prima di prendere in considerazione l'invio di forze di terra americane nel paese, avrebbe "utilizzato al massimo" le forze indigene e poi avrebbe valutato se introdurre le unità di fanteria o meno. Washington non poté permettersi di abbandonare il Vietnam: avrebbe significato perdere non solo un pezzo cruciale della costruzione di un sistema capitalista, ma anche la fede riposta negli Stati Uniti nell'affrontare l'offensiva comunista in quella zona.

Per quanto riguarda il programma *Agroville,* esso, come detto, fu un disastro; i contadini fecero molte lamentele riguardo il modo con cui vennero gestite, riguardo la disonestà dell'amministrazione, al danno fisico causato dalla lontananza dei loro campi e riguardo lo strappo psicologico che subirono quando furono separati dalle "case ancestrali" nelle quali vivevano. Nel 1960, il presidente Diem rallentò il programma in risposta alle lamentele dei contadini e alla capacità dei Viet Cong di sfruttare questa insoddisfazione.

La transizione dalle Agrovilles ai futuri "villaggi strategici" o "strategic hamlets" nel tardo 1961 sarà caratterizzata dal cosiddetto "Agro-borgo", che cercherà di soddisfare alcune delle obiezioni dei contadini. Per esempio le cento famiglie più piccole furono collocate più da vicino ai terreni coltivati dagli occupanti; le costruzioni furono inoltre effettuate ad un ritmo più lento per sostenere il calendario della raccolta e della semina. Entro la fine del 1961, l'agro-borgo divenne il prototipo di un ampio programma di difesa civile conosciuto appunto come villaggio strategico, *Ap Chien Luoc.*

Johnson ricevette una forte impressione dalla sua esperienza vietnamita: «La decisione fondamentale che dobbiamo prendere» riferì

Johnson a Kennedy, «[…] è se dobbiamo tentare di affrontare la sfida dell'espansione comunista nel Sud-Est Asiatico mediante uno sforzo maggiore a favore delle forze della libertà o gettare la spugna». La battaglia contro il comunismo, disse ancora Johnson, «deve essere affrontata nell'Asia Sud Orientale con forza e determinazione per ottenere una vittoria in quella regione poiché altrimenti gli Stati Uniti dovranno inevitabilmente cedere tutto il Pacifico e prepararsi alla difesa delle proprie spiagge».

In realtà il *National Security Council* ormai decise che la lotta contro l'avanzata comunista nel Vietnam del Sud era un interesse nazionale della politica americana e per dare vita ad una società democratica occorrevano sia mezzi militari, politici economici e psicologici e anche mediante *covert actions*, cioè con l'intervento dei servizi segreti.

Le missioni *in loco* vennero così reiterate, trasformandosi in una valutazione dell'efficacia dell'intervento americano; due furono le strade intraprese: quella dell'invio di consiglieri militari e quella dell'intervento nella politica agricola mediante la creazione dei «villaggi strategici».

CAPITOLO QUARTO: MISSIONI, DECISIONI, PROGRAMMI. UNA PERDITA DI TEMPO

Nel 1960, i tentativi di colpi di stato all'interno della struttura governativa di Saigon furono una minaccia continua per Diem. Nei suoi primi dieci mesi in carica, il presidente sudvietnamita identificò la lealtà dei suoi comandanti dell'esercito come una condizione necessaria per la sua sopravvivenza. In seguito si interessò personalmente del posizionamento e della promozione di molti ufficiali vietnamiti e si impegnò anche in materia di strategia e tattica militare. Molti dei soldati sudvietnamiti trovarono gli interessi di Diem un mezzo per raggiungere il potere politico, la ricchezza personale e l'importanza all'interno della società; molti altri, tuttavia, risentirono questo aumento di favoritismi e si opposero all'interferenza di Diem nelle questioni militari. Nel novembre del 1960, un tentativo di colpo di stato venne eseguito da alcuni battaglioni di paracadutisti d'elite a Saigon guidati dal Generale Van Dong, che circondarono il palazzo del presidente costringendolo ad apportare le riforme dovute. Ma tale operazione non riuscì ad attirare il supporto necessario per costringere Diem ad attuare tutta una serie di riforme politiche, economiche e sociali indispensabili per ristabilire l'ordine nel Vietnam del sud; anzi, il tentato colpo di stato diede una marcia in più ad Hanoi nel continuare la sua propaganda evidenziando la debolezza del regime diemista. Un altro colpo di stato si verificò nel febbraio del 1962, quando due aerei vietnamiti dell'aviazione bombardarono il palazzo per uccidere Diem e suo fratello Nhu; ancora una volta, però, non vi fu un'azione militare concreta contro Diem ed entrambi ne uscirono illesi. I tentativi falliti del 1960 e del 1962 ebbero, però, l'effetto di drammatizzare le scelte di quegli ufficiali militari che riconobbero il fallimento delle politiche militare di Diem.

Hanoi cominciò ad aumentare l'infiltrazione di cellule comuniste provenienti dal nord; queste cellule furono militarmente potenziate e poterono impegnare assiduamente l'esercito sudvietnamita in scontri armati sia su larga scala che in piccole operazioni di guerriglia. Il *sentiero di Ho Chi Minh*, che attraversava il Laos da nord a sud fino ad arrivare al confine sud-ovest del Vietnam, venne predisposto da Hanoi per avere una via di rifornimenti sicuri da destinare agli insorti del sud. Diem decise, allora, che ogni protesta nei confronti del regime sarebbe stata interpretata come una manifestazione di complicità con gli insorti vietcong e quindi punita; vennero intensificati i controlli della polizia, gli aiuti americani aumentarono e l'addestramento statunitense del personale sudvietnamita istruì più di 130.000 uomini. Osservando gli sviluppi del fallito colpo di stato, ritenne che i generali, un tempo a lui fidati, rappresentassero una seria minaccia per la sua persona e per la sua famiglia così, per proteggere entrambe, cominciò a promuovere ufficiali sudvietnamiti che gli mostrarono una piena devozione; ma questo sistema rese inattive le operazioni militari, suscitando nervosismo nei confronti dei funzionari statunitensi, ed evidenziò ancor di più la corruzione e il favoritismo nelle sfere più alte del governo di Saigon.

Dal 1961 il presidente Kennedy si dovette confrontare con una situazione instabile nel Sud Vietnam anche perché i segnali di un'imminente "caduta delle pedine del domino" nel sud-est asiatico furono confermati dal dilagare della guerra civile nel Laos. Nel maggio del 1961, il presidente statunitense decise di agire in maniera diplomatica per la questione laotiana, convocando a Ginevra una nuova conferenza durante la quale si stipulò un accordo che diede vita ad un Laos non belligerante e autosufficiente. JFK agì in questo modo perché sapeva che le forze laotiane appoggiate dagli Stati Uniti erano molto scarse sul piano militare e non potevano contrastare la minaccia delle forze comuniste; in aggiunta gli americani non potevano permettersi di impegnarsi militarmente anche in Laos perché, se questo fosse successo, avrebbe distratto l'amministrazione dai problemi interni del Vietnam del sud. Ma la scelta di non impegnarsi nel Laos scaturì, in primo luogo, delle opinioni negative all'interno della stessa amministrazione accusando Kennedy di essere troppo flessibile nei confronti dei comunisti e, in secondo luogo, vedendo che l'esercito laotiano venne lasciato a se stesso senza più l'appoggio degli Stati Uniti, l'esercito vietnamita fu preoccupato di essere una potenziale prossima vittima.

Diem e i suoi fedeli generali furono preoccupati, appunto, di un possibile scacco matto nei confronti del loro esercito e del governo da parte americana ma Kennedy, attento e intelligente nel giudicare la situazione corrente, inviò il vicepresidente Lyndon B. Johnson a Saigon nel maggio 1961, dove offrì al presidente sudvietnamita la possibilità di far arrivare un'ingente quantità di truppe americane. Diem rifiutò l'offerta perché non voleva che con il passare dei mesi il suo governo ed il suo esercito venissero controllati dagli americani raffigurandolo come un fantoccio nelle mani di Kennedy, ma accettò invece ulteriori aiuti sia in senso monetario sia in senso di risorse umane, e quindi funzionari statunitensi, per istruire l'esercito sudvietnamita.

Kennedy affermò per tutto il suo mandato (fino alla sua uccisione nel novembre del 1963) che il principale strumento contro la lotta comunista non sarebbe stato né il nucleare né l'utilizzo di armi convenzionali, ma la controguerriglia; la battaglia in Vietnam non si svolse, ovviamente, lungo la frontiera, ma nei villaggi, e poteva essere vinta solo grazie ad un organico flessibile con una forte mobilitazione, caratteristiche che corrisposero, appunto, agli stessi guerriglieri. Inoltre, non poteva essere vinta solo con mezzi militari; la guerriglia era essenzialmente una guerra politica e un'efficace azione di controinsurrezione dipendeva sia dalla capacità che dalla sicurezza delle campagne. I Vietcong durante i primi mesi del 1961 non furono mai sconfitti o indeboliti proprio perché il regime di Saigon non ottenne mai il sostegno dei contadini. L'invio a Saigon del vicepresidente Lyndon B. Johnson aveva il compito di studiare il modo per fornire a Diem altri aiuti al fine di intensificare gli sforzi per vincere la lotta contro il comunismo e favorire la crescita sociale e l'avanzamento economico del Vietnam, in particolare nelle campagne, nella prospettiva di guadagnare al più presto la stima e il rispetto della popolazione contadina.

L. B. Johnson (LBJ) non considerò il sud-est asiatico perso e nemmeno che fosse inevitabile un'eventuale sconfitta.

"In ogni paese", disse, *"è stato possibile costruire una solida struttura in grado di resistere all'ondata comunista; questo potrebbe essere fatto solo se la nazione del sud est asiatico, il Vietnam, avesse fede e comprensione nell'operato statunitense"*. Successivamente aggiunse che *"il pericolo a lungo termine non proviene dal comunismo, ma dalla fame, dall'ignoranza, dalla povertà e dalle malattie"*.

Per quanto riguarda il Sud Vietnam e la sua autorità, il Vicepresidente statunitense inquadrò Diem come una persona complessa, afflitta da molti problemi; affermò la molteplicità delle qualità di Diem, ma osservò come il presidente sudvietnamita fosse lontano dalla gente, dal suo popolo e come fosse circondato da persone meno capaci di lui. Ritornato dal suo viaggio si confidò con Kennedy dicendo che il Paese poteva essere salvato se gli Stati Uniti si fossero mossi rapidamente e con saggezza; inoltre come Kennedy, il vice-presidente non fu a favore dell'impegno di truppe americane al di là delle sole missioni di addestramento. Il coinvolgimento militare americano, secondo LBJ, non era solo inutile ma indesiderato perché avrebbe fatto rivivere i sentimenti anti-coloniali in tutta l'Asia.

Johnson, d'altro canto, favorì il riorientamento dello sforzo militare accompagnato da programmi di riforme politiche ed economiche. Sotto la sua pressione e quella dell'ambasciatore Nolting, Diem concordò a maggio alcuni punti della relazione del programma di task force redatto da Kennedy in cambio, però, del sostegno americano per un aumento dell'esercito vietnamita. In effetti, questo fu sempre il modello con cui Washington e il regime di Diem si relazionarono; gli americani considerarono il Vietnam come una nazione giovane e sofisticata, abitata da piccoli e gentili uomini, non abituati al mondo moderno. I vietnamiti, al contrario, orgogliosi della loro nazione infinitamente più grande (non in termini di estensione) e più sofisticata rispetto agli Stati Uniti, guardarono gli americani come una nazione impaziente, ingenua e infantile, priva di ogni senso di forma o di storia. Diem, in particolare, osservò gli americani con il disprezzo di un mandarino vietnamita e rispose ai loro consigli con ore e ore di discorsi finché nel 1961 il parlare convulsivo di Diem diventò quasi "leggendario".

Diem sembrò riluttante e incapace di intraprendere programmi di riforma rurale progettati per colmare il divario tra il palazzo presidenziale di Saigon e la gente nei villaggi; molto probabilmente il cercare sostegno popolare gli sembrò una di quelle illusioni occidentali che non avevano alcuna rilevanza per la vita in Asia.

4.1.   *La missione di Taylor e l'indecisione di Kennedy*

Dalla metà del 1961, Kennedy prese altre misure per aumentare l'impegno americano nel Sud Vietnam; ordinò segretamente l'invio di agenti sotto copertura per infiltrarsi nel Vietnam del Nord con lo scopo di raccogliere informazioni, l'infiltrazione di gruppi a sud-est del Laos per individuare e attaccare le basi comuniste vietnamite e le linee di comunicazione, la formazione di unità ARVN specializzate nelle tattiche ranger, e l'individuazione delle singole unità nordvietnamite all'interno del sud. Il Presidente utilizzò i servizi di un'unità sudvietnamita chiamata il "1° Gruppo di Osservazione", composta da equipaggi civili, compresi gli americani, per portare la guerra sia al

Nord che al Sud. Atterrato a Saigon, il vicepresidente americano Johnson ricevette una copia di un memorandum segreto dal Joint Chief of Staff raccomandando la necessità di incoraggiare Diem a richiedere ulteriori truppe da combattimento statunitensi. Johnson consegnò a Diem una lettera di Kennedy che suggeriva un aumento del numero di incursioni contro le forze comuniste, così come anche un aumento della ARVN di 20.000 uomini; il presidente sudvietnamita, tuttavia, rispose all'offerta dicendo di non avere denaro sufficiente per attrezzare una nuova forza. Johnson inoltre discusse con Diem circa la richiesta dell'amministrazione Kennedy, la quale lo invitò a dare più libertà al popolo; il vicepresidente non menzionò mai, in nessun punto della conversazione, l'impegno di truppe da combattimento americane. Diede invece rassicurazioni sostenendo che l'amministrazione statunitense avrebbe impiegato gli elicotteri e le attrezzature necessarie per aumentare la forza militare di Diem, e tranquillizzò Diem e i suoi generali affermando che l'esercito vietnamita non avrebbe subito lo stesso smacco capitato all'esercito laotiano; poche ore dopo, Diem accettò le richieste di Kennedy. Pochi giorni dopo, Diem e Johnson ebbero un secondo incontro; Diem insistette sul fatto che il Vietnam del Sud necessitasse altri 120.000 soldati sommati ai 150.000 che già possedeva. Johnson reagì alle richieste di Diem chiedendogli se era disposto ad accettare truppe da combattimento statunitensi e Diem rispose che le avrebbe accettate solo se il suo paese fosse stato attaccato, ma, ciononostante, domandò ulteriore personale americano per addestrare gli uomini del ARVN. In tutti questi scambi di parole, nel corso della riunione ad appoggiare Johnson ci fu il Generale McGarr, il capo del MAAG (Military Assistance Advisory Group) a Saigon. Inaspettatamente, McGarr rivolse a Diem la proposta di un possibile invio di truppe da combattimento americane con l'obiettivo di addestramento diretto nel campo; Diem accettò immediatamente. In questo modo però, Johnson e McGarr negoziarono la politica americana senza l'autorizzazione del presidente Kennedy. Come diretta conseguenza, Kennedy mandò il generale Taylor a Saigon nel mese di ottobre come suo rappresentante personale.

Il Generale M. Taylor ebbe una brillante carriera militare nella seconda guerra mondiale come comandante della 101° divisione aviotrasportata e fu un sostenitore della dottrina chiamata la "Strategia New Look", che enfatizzò le armi nucleari rispetto alle forze convenzionali. Dopo l'elezione di Kennedy, il presidente invitò Taylor a diventare un membro dello staff alla Casa Bianca, diventando così consigliere di Kennedy. Il Presidente Kennedy decise quindi di inviare un rappresentante personale a Saigon per fare un viaggio di studio volto a valutare la situazione politica e militare nel territorio, e per constatare se le decisioni prese da Johnson e da McGarr furono effettivamente applicate nel Vietnam del sud. Avendo bisogno di un uomo fidato, selezionò Taylor; come il presidente, il Generale ritenne impensabile l'invio di truppe da combattimento americane in Vietnam. Per tutta l'estate del 1961, l'amministrazione preparò dettagliatamente la missione di Taylor, dandogli istruzioni elaborate e in una lettera consegnata al Generale poco prima di lasciare Washington, il presidente scrisse:

> *"Ricordati che la responsabilità iniziale per il mantenimento efficace dell'indipendenza nel Vietnam del Sud spetta al popolo e al governo di quel paese. La parte militare del problema è di grande importanza, i suoi elementi politici, sociali ed economici sono altrettanto importanti, e mi aspetto la vostra valutazione e le vostre raccomandazioni a riguardo".*

Nel luglio del 1961, Lansdale avvisò Taylor dell'incremento delle forze vietnamite del nord e del continuo aumento delle truppe Vietcong nel sud affermando che, dopo gli accordi di Ginevra del 1954, i comunisti del nord avevano modernizzato e rafforzato le loro forze armate di circa 380.000 unità, la più grande forza armata nel sud-est asiatico. La minaccia rappresentata da questa forza si rafforzò da quando le aree del Laos caddero in mano alle forze combinate del *Pathet Lao-Vietminh* aprendo nuove vie di movimento lungo il fianco occidentale del

Vietnam. Inoltre evidenziò come i requisiti di combattimento per liquidare i Vietcong fossero elevati in quanto il territorio del sud aveva una superficie di circa 66.000 miglia quadrate e il 20% di questo era dominato dai Vietcong; un altro 40% controllato dalle attività Vietcong, che andarono dalle piccole bande di guerriglieri "mordi e fuggi", nascoste nella giungla e nelle montagne, a piccole squadre di insorti. Lansdale concluse dicendo che in questo settore i requisiti di combattimento oltrepassarono le capacità sudvietnamite di quel periodo e sebbene la Guardia Civile, le forze di autodifesa e il RVNAF fossero migliorati, la "svolta" degli insorti poteva verificarsi prima che il livello dell'esercito sudvietnamita raggiungesse le 270.000 unità.

A sua volta, nello stesso mese, Rostow preparò un documento riguardante un possibile incremento delle "forze positive" del Vietnam dal momento che le sue valutazione intuirono l'aumento crescente in termini di quantità delle "forze negative". Secondo Rostow, le cosiddette forze positive furono ovviamente le forze armate del governo del Vietnam, ma anche la rassicurazione a Diem e al suo governo di un continuo supporto americano e la crescente consapevolezza internazionale dell'aggressione condotta contro Diem dal governo di Hanoi.

Per quanto riguarda le forze negative, o meglio, gli aspetti negativi che avrebbero potuto secondo Rostow intralciare l'azione americana in Vietnam, furono la continua espansione delle forze Vietcong, la continua insicurezza della popolazione e la loro riluttanza nei confronti del governo diemista, la scarsità di riso presente nelle città, il persistente distacco degli ufficiali dell'esercito di Diem e l'apatia di molti soldati, e l'incapacità di Diem di collegare se stesso con le aspirazioni del popolo, tra cui la debolezza dei suoi programmi di sviluppo rurale e di azione civica. Secondo Taylor, in un memorandum al Presidente di settembre, l'uso delle vie di infiltrazione, passando per il Laos per arrivare nel Vietnam del Sud da parte della guerriglia (questo fu l'utilizzo del *Sentiero di Ho Chi Minh*) furono usate in modo intensivo a partire già dal 1958 quando il governo di Hanoi dichiarò la guerra di guerriglia nel sud. Le forze Vietcong passarono dalle 2500 unità nel 1959 alle 15.000 a metà del 1961 e la percentuale di queste forze, stando a quanto riportato da Taylor, che si infiltrarono da fuori, rispetto a coloro che furono reclutati localmente, era impossibile da determinare e stavano aumentando in maniera significativa.

Il 15 ottobre 1961, Taylor riunì i membri della sua squadra per una sessione di brainstorming; a far parte della missione furono presenti anche Lansdale, Rostow, e gli esperti militari e civili, come i consiglieri politici Cottrell Sterling e William Jorden, il Maggiore William Craig e l'ammiraglio Luther Heinz. Le questioni che Taylor e la sua squadra affrontarono andarono dalla necessità di truppe da combattimento americane, al rapido accumulo di forze Vietcong nel Sud, fino alla sicurezza dei contadini nelle aree rurali del Sud e lo stile sempre più autoritario del governo di Diem.

La missione iniziò in malo modo poiché Lansdale lasciò subito la squadra per avere un incontro faccia a faccia con il suo vecchio amico, il presidente Diem. Il 18 ottobre del 1961, quando Taylor arrivò nella Repubblica del Vietnam, Diem dichiarò lo stato di emergenza nazionale dato dalla serie di piogge incessanti che causarono enormi alluvioni nel delta del Mekong.

Lo scopo primario dell'invio in Vietnam del generale Maxwell Taylor riguardò la valutazione di un eventuale impatto di truppe da combattimento statunitensi nell'area; Taylor riferì che in effetti era in atto una crisi nel Vietnam del Sud e in particolar modo anche all'interno dell'esercito vietnamita, causata da crisi di identità, ammutinamenti, corruzione e favoritismi, ma che si poteva porvi rimedio aumentando il numero di consiglieri militari americani piuttosto che inviare truppe di terra. I principali consiglieri di Kennedy approvarono i suggerimenti di Taylor, ma non vi fu consenso sulla possibilità che Diem ponesse in essere le riforme politiche e sociali che essi ritennero fondamentali per il conseguimento degli obiettivi statunitensi.

Il giorno dopo, Taylor e Rostow incontrarono Diem nel palazzo presidenziale; durante una sessione di quattro ore, Diem discusse l'intera gamma dei problemi americano-vietnamiti e pose enfasi sul perché gli Stati Uniti non stessero offrendo un impegno formale al Vietnam del sud, affermando il fatto che temeva l'abbandono del suo paese da parte statunitense. Taylor e Rostow furono stupiti che Diem, in nessun momento durante i loro discorsi, non avesse affrontato una richiesta di truppe da combattimento americane; quando Taylor si decise di proporre al Presidente un invio di tali forze da parte dell'amministrazione Kennedy, il mandarino cattolico, rispose che se fosse successo allora si sarebbe aspettato lo stabilimento permanente delle forze statunitensi in modo da ricoprire tutto il Vietnam su larga scala. Il 22 novembre Kennedy promise un maggior impegno per bloccare la caduta di Saigon, oltre alla fornitura di aerei, equipaggiamenti per i servizi segreti e un supplemento di addestramento per l'esercito sudvietnamita, nonché ulteriori aiuti economici.

Taylor e Rostow durante il loro soggiorno in Vietnam fecero un giro in elicottero nel delta del Mekong per vedere in prima persona le conseguenze dei danni provocati dalle inondazioni. Prima della partenza, i due consiglieri inviati da Kennedy incontrarono per l'ultima volta Diem; con una mossa audace, Taylor propose al presidente sudvietnamita una grande forza di truppe americane volta a soccorrere le aree inondate, composta da medici, personale tecnico per le comunicazioni, così come anche un certo numero di truppe da combattimento per la loro sicurezza. Evidentemente questa fu una mossa per venir incontro alla richiesta di truppe combattenti da parte di Diem; Taylor dichiarò inoltre che una volta completato il lavoro le truppe avrebbero lasciato il paese.

Nel frattempo il Generale inviò una comunicazione al presidente Kennedy raccomandando l'invio di 8.000 soldati per comporre tale forza. Diem accettò le proposte di Taylor anche se osservò come questo tipo di task force esercitasse una scarsa influenza diretta sulla campagna contro i Vietcong, utile comunque, per dare un colpo positivo al morale della nazione.

Lo scetticismo di Kennedy sull'efficacia di un intervento militare venne superato dai risultati della missione intrapresa dal generale Taylor, consigliere del presidente, e da W. W. Rostow, consigliere del Dipartimento di Stato. La persuasione, già in loro radicata, della necessità di una decisione rapida, venne rafforzata dall'analisi sul campo. Nel lungo rapporto di Taylor del 3 novembre 1961 consegnato al Presidente, il generale invocò un intervento tempestivo affermando che:

> *"In qualsiasi parte del'Asia sud-orientale il messaggio sul Vietnam è lo stesso: è necessaria una vigorosa azione americana per guadagnare tempo in modo che il Vietnam mobiliti e organizzi le sue forze reali; ma il tempo per questa azione è quasi esaurito. E, se perdessimo il Vietnam, sarebbe assai difficile, se non impossibile, tenere l'Asia sud-orientale. Ciò che perderemmo non sarebbe solo un territorio di importanza strategica cruciale, ma la fiducia riposta negli Stati Uniti circa la volontà e la capacità di rispondere all'offensiva comunista in quella regione".*

Il rapporto Taylor-Rostow fu un documento attento e riflessivo; il presidente lo lesse con particolare interesse perché fu impressionato dalla descrizione accurata della grave, ma non disperata, situazione nell'area e fu attratto dall'idea di incrementare il regime di Diem attraverso l'infusione di consulenti americani; tuttavia non sostenne la proposta di un diretto impegno militare americano. Anche se il rapporto del Generale Taylor fece notare la possibilità di porre rimedi politici e militari nel Sud Vietnam, il senso generale del suo ragionamento fu che la crisi di fiducia era originariamente militare e poteva essere fermata attraverso l'impegno delle truppe americane o, almeno, da una partnership americana nella conduzione delle operazioni vietnamite sul campo. Secondo Taylor, erano necessari due ordini di iniziative: un impegno militare per dimostrare fermezza e «d'inserimento» di reparti americani nell'esercito vietnamita per migliorarne la preparazione e accrescerne la volontà di combattere. La responsabilità della situazione fu data all'aggressione comunista ma la disorganizzazione delle forze sudiste fu dovuta, ancora una volta, dalla corruzione, dal favoritismo e dall'inefficienza delle autorità locali. La figura di Diem, chiarì Taylor, non era ancora messa in discussione, ma l'efficacia del suo operato venne presa di mira dalle critiche. Quando il segretario di Stato Dean Rusk ricevette il rapporto di Taylor disse al presidente che gli Stati Uniti avrebbero dovuto aumentare l'impegno militare fino a quando il presidente Diem non avesse istituito le riforme politiche nel paese. Ma all'interno dell'amministrazione circolò la voce che, finché Diem non fosse stato disposto a risolvere le questioni interne, nessuna quantità di truppe americane avrebbe potuto risolvere il suo problema; in pratica non si ritenne opportuno scommettere su un "cavallo perdente".

Tuttavia, il rapporto di Taylor venne sostenuto dal Segretario alla Difesa McNamara, dal segretario Gilpatrick e dal Joint Chiefs of Staff. Pur approvando la relazione, il JCS mise in guardia Washington, affermando che la forza di 10.000 uomini non poteva essere decisiva per risolvere il conflitto e che un ulteriore impegno massiccio di forze americane avrebbe fatto cadere gli Stati Uniti in una lotta inconcludente. J.K. Galbraith, sul punto di ritornare a Washington per pochi giorni, e Averell Harriman, Assistente Segretario per l'Estremo Oriente, affermarono, al contrario, che la crisi di fiducia trasse origine dalle politiche repressive e reazionarie di Diem di fronte all'insurrezione contadina gestita dai comunisti, e quindi fu più una questione politica che militare.

Kennedy, ancora indeciso circa i prossimi passi, chiese a Galbraith di fermarsi a Saigon sulla via del ritorno verso l'India. Galbraith lo fece e riscontrò il problema fondamentale nella totale inefficacia del regime di Diem. Riflettendo sulla situazione e riponendo particolare fiducia in McNamara e Taylor, Kennedy si preparò all'azione; nel dicembre ordinò l'inizio dell'incremento delle truppe americane. Il generale Paul Harkins, il nuovo comandante americano a Saigon, e l'ambasciatore Nolting lavorarono a stretto contatto; entrambi videro Diem come la chiave del successo, ed entrambi furono convinti che i tentativi di esercitare pressioni su di lui sarebbero stati controproducenti.

Come risultato, nel 1962 venne posto l'accento sullo sforzo militare; gradualmente, i suggerimenti di Taylor furono attuati. Nel gennaio gli Americani impegnati nel Vietnam del sud furono circa 4.000, nell'ottobre toccarono la cifra di 10.000 e grazie al loro lavoro il governo di Washington contò di avere buone probabilità di vittoria. L'ottimismo derivò anche dalle decisioni assunte sul piano dell'azione parallela contro l'infiltrazione della guerriglia; al centro di questa azione, in parte affidata a forze speciali, vi fu il progetto di costruire «villaggi strategici» dai quali si potesse recuperare il controllo e il consenso delle campagne. La questione dei contadini venne così concentrata nel cosiddetto "Strategic Hamlet Program", elaborato congiuntamente, tra la fine del 1961 e l'inizio del 1962, dalla CIA e dai servizi di informazione del Dipartimento di Stato e lanciato dal regime di Saigon nell'aprile del 1962.

4.2. Lo *Strategic Hamlet Program: un terribile déjà vu*

Per certi aspetti la risposta americana agli sviluppi nel Vietnam del Sud sul finire del 1961 rispecchiò quella del 1957, quando l'accoglienza trionfale di Diem a Washington fu seguita dal giudizio negativo dell'ambasciatore a Saigon affermando che il governo sudvietnamita aveva sprecato un anno di opportunità. Nel maggio del 1961, esattamente quattro anni dopo il viaggio di Diem negli Stati Uniti, il Vice Presidente Lyndon Johnson visitò Saigon, dove salutò il presidente vietnamita come il "Winston Churchill del sud est asiatico". Washington riconobbe l'urgenza dei problemi di Diem, ma come nel 1957 scelse il supporto incondizionato a Diem come perno centrale del programma degli Stati Uniti in Vietnam. Come le loro controparti di quattro anni prima, la CIA e altri funzionari di Saigon ammirarono il patriottismo di Diem e l'integrità personale, ma furono frustrati dalla sua perdita di iniziativa nei confronti dei comunisti. Il declino generale della posizione del governo sudvietnamita nelle campagne interessò direttamente le azioni della Stazione CIA quando l'aumento degli insorti costrinse la cessazione dell'addestramento del NRM (National Revolutionary Movement) nel Delta. Di fronte ad un'insurrezione di grande proporzioni in Vietnam, l'amministrazione Kennedy non rivolse la propria attenzione altrove come fece Eisenhower; al contrario, fece del piano di controinsurrezione e del nation-building il centro della sua strategia nella guerra fredda con il Vietnam al centro della scena.

Il primo ambasciatore di Kennedy a Saigon, il diplomatico di carriera Frederick Nolting, arrivò con le istruzioni di ottenere un rapporto reciproco e pacifico con Diem; proprio come in precedenza l'ambasciatore Reinhardt sostituì la cooperazione e la tolleranza allo scetticismo e all'impazienza del generale Collins, Nolting sostituì il pessimismo dell'ambasciatore Durbrow con una rinnovata ricerca di soluzioni. In questa atmosfera, la prima proposta di Colby, il capo della Stazione-CIA a Saigon, fu quella di un approccio più tradizionale della Stazione sotto forma di un "programma pilota" di organizzazione politica nella provincia del Delta di Phong Dinh. L'approccio del *nation-building* fu però eclissato dai programmi di difesa dei villaggi che dominarono la strategia di pacificazione americana; il primo di questi programmi emerse a metà del 1961, quando la tribù dei *Rhadé*, nella provincia degli altopiani di Darlac, si armò per l'autodifesa locale. La tribù dei *Rhadé* non chiese, però, a gran voce di combattere a fianco del governo; il loro comportamento nacque dai progetti di reinsediamento che Diem lanciò negli Altopiani Centrali nel 1955 con il programma *Agroville*, attraverso i quali perturbò gravemente lo stile di vita dei *Montagnards*. Infatti il governo mise fuori legge l'uso della tradizionale balestra e aggravò l'inesauribile antagonismo etnico fra le tribù degli altopiani e quelle della pianura vietnamita. I Viet Cong aumentarono così le loro attività negli Altopiani, dove la sicurezza in quelle aree fu una vecchia ossessione di Diem. Colby presentò l'opportunità di avviare dei villaggi di autodifesa nelle campagne al fratello Nhu che approvò con la condizione che il programma fosse condotto congiuntamente dalla CIA e dalle forze speciali vietnamite. Questo aprì la strada per convincere gli anziani presso il villaggio di Buon Enao di consegnare il loro destino nelle mani di Saigon. Promettendo la partecipazione della tribù dei Rhadé, la CIA organizzò il distacco del personale delle Forze Speciali degli Stati Uniti da se stessa per iniziare l'addestramento della prima di una serie di unità di autodifesa che un anno dopo contò circa 35.000 uomini. Il progresso soddisfacente del villaggio di auto-difesa tra i *montagnards* mise in evidente rilievo l'assenza di un programma simile nella pianura vietnamita. Nelle loro riunioni settimanali verso la fine del 1961, Nhu e Colby continuarono

a cercare una strategia di pacificazione più completa; ma fu solo dopo un certo numero di sessioni che il programma dei villaggi strategici – *Strategic Hamlet Program* - nacque. Le successive descrizioni di

Colby riguardanti Buon Enao ed altri esperimenti simili provocarono in Nhu la volontà di considerargli come la base potenziale per una "nuova comunità sociale e politica vietnamita". Alla fine del 1961, Nhu articolò il concetto talmente bene che fu in grado di convincere Diem a farne un importante programma nazionale; l'approvazione formale avvenne il 3 febbraio 1962 con la creazione del Comitato interministeriale per i villaggi strategici. L'importanza dei villaggi strategici andò al di là del semplice concetto di autodifesa dei villaggi; furono un mezzo per istituire una base democratica solida nel Vietnam. Attraverso il "Programma dei villaggi strategici", il governo intese dare il diritto di un proprio governo con uno statuto ed un sistema di leggi comuni, in modo da realizzare l'idea di una costituzione a livello locale che la gente potesse capire. Il primo sforzo operativo statunitense, la cosiddetta *"Operazione Sunrise"*, prese il via nella provincia di Binh Duong il 22 marzo e i lavori iniziarono nel distretto Ben Cat attorno le piantagioni di gomma di Lai Khe; numerose popolazioni rurali furono tolte dai loro terreni agricoli e reinsediate in borghi fortificati difesi dalle milizie locali. Tuttavia, oltre 50 dei villaggi costruiti furono presto assaliti e controllati dalle forze vietcong che intimidirono o uccisero i capi villaggio. Di conseguenza Diem ordinò il bombardamento a tappeto su tutti i villaggi sospettati di essere sotto controllo vietcong; gli attacchi aerei delle forze sudvietnamite furono supportati da piloti statunitensi che contribuirono al bombardamento. Immediatamente dopo gli attacchi dal cielo, l'esercito sudvietnamita entrò con i carri armati nei villaggi per "spingere fuori" i ribelli. Anche se dozzine di vietcong furono uccisi, l'operazione pagò dazio alla popolazione, in quanto le vittime civili sgretolarono il supporto popolare di Diem e aumentarono l'ostilità contadina nei confronti dell'America, incolpata dell'impopolare programma di re insediamento così come anche per i bombardamenti.

Nel costruire i cosiddetti «strategic hamlets» si volle dare una maggior protezione ai centri contadini, così da rendere gli abitanti meno esposti all'influenza comunista, da fargli sentire più sicuri e da migliorare il loro tenore di vita. Roger Hilsman, il direttore dei servizi di informazione e ricerca del Dipartimento di Stato, affermò che: «Il problema dei Vietcong è un problema politico e non un problema militare o, più precisamente, è un problema di azione civica». La diagnosi però si riferì a una realtà radicata nel tempo e sperare che questo tipo di villaggi potesse modificare in pochi mesi la mentalità e le emozioni dei contadini vietnamiti dette l'impressione di una fiducia eccessiva della progettazione sociale americana; ma per la maggior parte della popolazione vietnamita il programma dei villaggi strategici fu percepito come un déjà vu vissuto durante il programma *Agroville* del presidente Diem.

Sir Robert Thompson, il capo dei consiglieri britannici di Diem, propose di costruire un sistema di villaggi fortificati simili a quelli usati dagli inglesi contro l'insurrezione comunista in Malesia. Thompson fu in procinto di articolare un approccio strategico globale nello stesso tempo in cui gli Stati Uniti furono profondamente coinvolti nel modellare un'importante nuova fase nelle relazioni tra Washington e Saigon; fase legata all'accettazione da parte di Diem di riforme specifiche e alla sua volontà di perseguire le strategie pianificate. Il piano di Thompson fu, in breve, un potenziale rivale ai piani americani rappresentati dal "counterinsurgency plan". Come Taylor, Thompson vide l'obiettivo dei Vietcong come una denuncia politica combinata ad un'azione militare piuttosto che un colpo di Stato militare all'intera nazione. Come McGarr e gli altri consiglieri militari statunitensi, riconobbe l'alta probabilità e il pericolo dei tentativi Vietcong di controllare le aree disabitate e di utilizzarle sia come una base da cui partire per proiettare un'immagine della loro forza politica sia come aree di sicurezza (per esempio la "Zona di guerra D, a nord-est di Saigon) da cui minacciare la capitale. Ma a differenza dei consiglieri militari statunitensi, Thompson considerò l'instabilità politica delle aree rurali popolate come la principale minaccia.

Il problema fu che mentre in Malesia gli inglesi fortificarono i villaggi malesi contro gli insorti cinesi, nel Vietnam i vietnamiti dovettero fortificare villaggi vietnamiti contro altri vietnamiti che vissero in questi villaggi. L'obiettivo principale del governo vietnamita, sostenne Thompson, non doveva essere semplicemente la distruzione delle forze Vietcong ma quello di offrire alla popolazione vietnamita una valida alternativa enfatizzando la ricostruzione nazionale e lo sviluppo nelle aree rurali popolate. Per fare ciò era necessario adottare misure di sicurezza ampie e rigorose, utilizzando in primo luogo la polizia, piuttosto che le forze militari regolari. La polizia, inoltre, secondo Thompson, avrebbe dovuto stabilire un rapporto stretto con la popolazione, cosa che non era nelle abilità dell'esercito. L'esercito doveva avere solamente la missione di mantenere lontani i Vietcong con azione mobili al fine di prevenire gli attacchi degli insorti nelle aree limitate in cui il governo sudvietnamita avrebbe concentrato i suoi sforzi iniziali di pacificazione. Contrariamente ad altri programmi falliti di reinsediamento, il piano non comportava lo spostamento degli abitanti dalle loro case e dai loro campi, ma veniva applicato in molte zone dello stesso Delta del Mekong. Chiunque attraversò in aereo il Delta vide che gli abitanti dei villaggi non vivevano in insediamenti concentrati, ma in fattorie disseminate nelle risaie e lungo le dighe.

Tale argomentazione fu ampiamente sviluppata nel progetto di Thompson per la pacificazione nella zona del Delta, data al presidente Diem l'undici novembre. L'obiettivo del piano fu quello di vincere la lealtà dei contadini, piuttosto che uccidere gli insorti; per questo motivo Thompson selezionò una zona popolosa in cui vi fosse poca attività della guerriglia. La sua proposta spinse verso una sostituzione dalle cosiddette operazioni statunitensi del "Search and Destroy" ad un tipo di operazioni denominate "Clear and Hold". Una volta fatto questo, l'ARVN, secondo il piano, sarebbe stata utilizzata per proteggere i villaggi, e i villaggi, a loro volta si sarebbero organizzati per proteggersi. I contadini, in questo modo, avrebbero avuto la garanzia di sicurezza fisica e di conseguenza i miglioramenti economici e sociali (ritenuti l'oggetto reale del piano) avrebbero potuto procedere senza interruzioni.

Ma i fratelli Ngo favorirono fin dall'inizio il nuovo programma americano in modo da esercitare un controllo più diretto sui villaggi. Una volta appreso quanto denaro gli americani fossero disposti a impegnare nel nuovo piano ed essersi resi conto della possibilità di un intervento diretto da parte statunitense, i due fratelli si fecero avanti per metterlo in pratica. Ngo Dinh Nhu assunse la direzione del programma e insisté perché i due terzi dei sedicimila villaggi del Sud Vietnam fossero fortificati nel corso dei successivi quattordici mesi. La sua teoria si basò su un indottrinamento personalista grazie al quale i contadini sarebbero stati felici di difendere i propri villaggi contro i comunisti senza che per questo vi fosse bisogno di fornire appoggi militari o finanziari.

Gli americani quindi inviarono una grande quantità di merci per mettere gli abitanti dei villaggi in condizione sia di costruire le proprie difese, sia per edificare per se stessi nuove comunità.

Il programma americano dei villaggi strategici mantenne la maggior parte delle frazioni create con il precedente programma *Agroville*, ma vennero aumentate le fortificazioni; molti abitanti dei villaggi furono ancora una volta spostati dalle regioni del sud perché fortemente radicati con gli insorti vietcong. Le terre vennero di nuovo lasciate alle spalle e i contadini furono spostati più lontano dalle loro antiche abitazioni per stare insieme in quelli che molti definirono campi di concentramento. Questa volta, però, il governo dichiarò la sua intenzione di proteggere i villaggi strategici con un più efficacie dispiegamento dell'esercito e di unità della Guardia Civile; ma dato che il programma non considerò la distribuzione di nuove terre agli abitanti dei villaggi, molti dei contadini finirono con il non avere più terra.

I "nuovi" villaggi, in realtà, aiutarono a stimolare la propaganda dei Vietcong perché, al suo tempo, gli insorti configurarono i borghi del programma *Agroville* come basi militari del governo. Con l'annuncio di un incremento ingente di truppe per una maggiore sicurezza e l'installazione di trappole esplosive, le comunità non furono altro che grandi prigioni che causarono l'uccisione cruenta di molti vietnamiti e lo sfruttamento gratuito della manodopera per la costruzione del programma.

Il coprifuoco, una visibile mancanza di un programma per la redistribuzione della terra e una forte mobilitazione nelle organizzazioni di massa spinsero, quindi, gli abitanti dei villaggi ad unirsi al sentimento anti-Diemista che si estese dentro e fuori ogni villaggio con grande facilità, nonostante la barriera anti-comunista messa a punto dal Governo. Questi fattori (gli stessi che danneggiarono il programma Agroville) favorirono il reclutamento degli abitanti dei villaggi per la guerriglia e fornirono una guerriglia maggiormente dotata.

Essere separati dall'influenza del governo fu il modo di vita degli abitanti dei villaggi sud-vietnamiti. Questa situazione permise alla propaganda Vietcong di tradurre il malcontento diemista in munizioni e in sostegno popolare contro il regime. Fin dall'inizio, i contadini disprezzarono l'intero piano; infatti il programma suscitò lo scontento dei contadini perché furono costretti ad abbandonare le loro fattorie tradizionali circondate dai giardini, alberi e campi di riso, lasciando le tombe dei loro antenati. Le comunità così iniziarono a favorire qualsiasi opposizione che fosse contro i villaggi strategici e il governo di Diem; questo, in particolare si verificò quando il governo sudvietnamita tolse il sostentamento ad ogni abitante del villaggio del sud durante il programma *Agrovilles* e poi ancora di più nello *Strategic Hamlet Program*. La presenza di funzionari governativi e militari riportò alla mente i ricordi della dominazione francese; i guerriglieri sentirono questa sensazione nell'aria e utilizzarono con successo l'errore a vantaggio della ribellione. I guerriglieri non necessitarono del "Programma dei villaggi strategici" per ottenere il sostegno dei villaggi; spesso utilizzarono tattiche di terrore per ottenere ciò che volevano dagli abitanti dei villaggi, sia forniture che informazioni, tasse o fedeltà. Dal momento che questi ribelli furono per lo più gli stessi abitanti dei villaggi del sud, non fu così difficile conquistare il supporto necessario. Conoscevano le menti dei loro compagni, mentre Diem e i suoi subordinati non avevano alcun rispetto per la tradizione e la cultura dei villaggi. Diem capì allora che per ovviare la situazione avrebbe dovuto dare agli abitanti le riforme per una nuova società, pagando il loro lavoro; ma oramai il programma fu ormai considerato fallito.

Le famiglie furono represse o tenute strette dalle mani straniere; in questo modo i sentimenti degli abitanti necessitarono solamente di una piccola spinta da parte delle forze di guerriglia per unirsi alla causa dei ribelli. Inoltre, ribellarsi contro il dominio straniero fu un sentimento radicato nella tradizione vietnamita, e mentre per Diem, l'unico nemico straniero esistente fu il fronte comunista di Ho Chi Minh, per molti vietnamiti Ho Chi Minh fu l'eroe nazionale che liberò il Vietnam dall'influenza straniera. Anche se il governo del Vietnam annunciò pubblicamente il supporto del programma dei villaggi strategici nel febbraio del 1962, un piano nazionale non fu mai formalmente approvato dal governo fino ai primi di agosto. In un memorandum del novembre del 1962 al segretario alla difesa McNamara, Taylor affermò che l'idea dei villaggi strategici si espanse rapidamente in tutto il paese, come una forma di concorrenza inter-provincia. Molte frazioni, però, furono costruite in modo improprio e non adeguatamente difeso, e poca attenzione fu data alla preparazione psicologica, sociologica ed economica della popolazione, e alla qualificazione corretta del personale amministrativo, con il risultato di un'idea iniziale fondamentalmente debole.

Il programma del governo sudvietnamita comprese, quindi, misure volte a superare le carenze riguardanti la situazione di poca coordinazione durante le prime fasi del programma. Secondo Taylor, ci furono 10.971 località designate per lo sviluppo dei villaggi strategici, di cui 3353 furono completati. Ma variarono molto in termini di qualità, come la natura delle loro difese, la composizione delle forze di sicurezza correlate, e per quanto riguarda la competenza, l'efficienza e l'affidabilità del personale amministrativo. Del numero intero, probabilmente non più di 600 furono ritenute all'altezza delle caratteristiche desiderate in termini di attrezzature, opere di difesa, forze di sicurezza. Gli attacchi vietcong ai villaggi furono caratterizzati dalla distruzione delle difese, dall'assassinio di funzionari di villaggio, dal rapimento e dal furto dei prodotti alimentari. Nel giro di tre mesi circa il due per cento dei villaggi di tutti i tipi furono attaccati.

Diem non capì come molta gente desiderasse essere governata con efficienza, ma il presidente semplificò la sopravvivenza di migliaia di persone a quello di un semplice bestiame che doveva essere diviso tra comunisti e anti-comunisti. Non si rese mai conto che la situazione creata dalla nuova posizione portò solamente rancore verso il suo regime, in quanto cercò di forzare l'isolato villaggio agricolo in uno stile di vita più invadente. Il programma americano-vietnamita e il suo predecessore furono sbagliati sin dall'inizio a causa dell'ignoranza di Diem connessa alle azioni della sua incapace burocrazia. I Vietcong riuscirono così a mantenere la loro propaganda anti-diemista grazie ai fallimenti di Diem.

La politica statunitense nel 1962 fu dominata da coloro che videro il Vietnam come un problema militare e dal supporto incondizionato a Diem. Le relazioni presentate dall'ambasciatore Nolting e dal generale Harkins a Washington trasmisero l'immagine di un regime guidato da una figura alquanto difficile da gestire, ma insostituibile per ottenere progressi costanti nel conquistare i contadini, per pacificare la campagna e per il ripristino della stabilità del governo; entrambi affermarono che l'unico modo per migliorare le cose sarebbe stato quello di rassicurare Diem sul costante sostegno americano. Le aspettative di Diem furono però di differente natura; voleva senz'altro ottenere un esplicito appoggio degli Stati Uniti, ma non per la sua nazione bensì per la sua amministrazione. Secondo il presidente vietnamita era essenziale che questo supporto non compromettesse la sua autorità di governo e la sua sovranità nel Vietnam, inoltre non voleva dare credito alle affermazioni comuniste secondo le quali Diem sarebbe stato un fantoccio nelle mani statunitensi. Una valutazione rivelatrice sullo stato d'animo di Diem fu fornita dall'ambasciatore Nolting in base alla quale Diem invitò ad un incremento del supporto e del coinvolgimento americano perché temeva che il Vietnam del Sud potesse essere coinvolto in una crescente pressione comunista; se il governo di Diem non fosse stato in grado contrastare queste pressioni (e Diem sapeva di non potercela fare), le uniche opzione disponibile sarebbero state quelle di: scendere sul campo di battaglia e combattere o aspettare e venir rovesciato dagli insorti con un colpo di stato. Per la maggior parte del 1962 la politica statunitense adottata nei confronti del Vietnam sembrò produrre i risultati sperati; il "programma dei villaggi strategici", secondo il giudizio del Dipartimento di Stato e della Difesa statunitensi, stava portando la campagna, e quindi la popolazione contadina, in una stretta alleanza con il regime. Non tutti, però, condivisero questo ottimismo, e il dissenso sorse in primo luogo tra i giornalisti americani residenti in Vietnam. I corrispondenti giudicarono Diem non come un leader nazionale e altruista, ma come un despota orientale, ipnotizzato dai suoi monologhi.

Alla fine del 1962 i funzionari di Diem riferirono che la metà dei villaggi del paese era stata fortificata e provvista di alcuni mezzi di autodifesa. Più che le realizzazioni effettive, la cifra rispecchiò l'entità dell'aiuto americano fornito a tal fine ai capi delle provincie. Come rilevò uno studio americano compiuto più tardi, meno del 10 per cento, possedé una qualche sicurezza militare. Avendo artiglieria, elicotteri e bombardieri tattici a sua disposizione, il comando vietnamita dichiarò tutte le zone al di là delle cerchia dei villaggi strategici «zona del fuoco a volontà», nelle quali fu permesso sparare a qualsiasi cosa si muovesse. Il fatto che si sparasse quasi alla cieca dissuase molti contadini ad abbandonare, come sarebbe stato di loro impulso, quei recinti squallidi e affollati.

I corrispondenti americani considerarono così lo "Strategic Hamlet Program" fasullo e fallimentare, e le loro visite nei recinti dove i contadini vennero ammassati, a volte anche in punta di baionetta, per "dedicarsi" al lavoro forzato, confermarono i loro peggiori timori. Durante i primi otto-nove mesi del 1962, all'interno dell'amministrazione Kennedy e tra i funzionari americani dell'ambasciata a Saigon, si pensò che la vittoria fosse oramai vicina e per alcuni mesi si confermò la speranza di una prima riduzione del contingente americano ma le delusioni vennero con l'autunno del 1962. Le varie personalità americane che visitarono Saigon in questo periodo ricevettero un'impressione sempre meno positiva circa lo stato delle cose; infatti non tutti a Washington vennero ingannati dai dispacci positivi riguardanti la situazione del Vietnam dei consiglieri d'ambasciata.

Averell Harriman, assistente segretario per l'Estremo Oriente, e Roger Hilsman, capo dell'ufficio del Dipartimento di Stato di intelligence e di ricerca, dubitarono che le cose fossero davvero così splendide come apparivano nei rapporti d'ambasciata. Nella casa Bianca Michael Forrestal, consigliere del Dipartimento di Stato per l'Estremo Oriente, condivise questo scetticismo. Fu evidente che, nonostante i comunicati, le statistiche e i dispacci, i vietcong erano onnipresenti e il governo di Saigon inefficace come sempre.

La questione si fece alquanto calda il 2 gennaio 1963, presso Ap Bac, a cinquanta miglia da Saigon, quando una forza considerevole di soldati regolari di Diem circondarono un battaglione viet cong (nettamente inferiore come numero nonché privo del supporto di artiglieria e mezzi aerei); non riuscendo a contrastarli, l'esercito sudvietnamita permise ai Vietcong di fuggire nella notte dopo aver abbattuto cinque elicotteri americani e ucciso tre consiglieri americani. Ancora una volta il GVN si dimostrò incapace di assumere l'iniziativa in battaglia, mentre lo scarso coordinamento fu dimostrato dal rifiuto del comandante della provincia a chiedere rinforzi. Quelli a Saigon e Washington che videro il Vietnam come un problema militare pensarono che la risposta alla Ap Bac fosse un ulteriore sforzo militare, di più elicotteri, più mortai, più spray defolianti, più bombe al napalm, più generali a tre stelle a Saigon; ma questo fu tutt'altro che vero ed evidenziò la profonda inadeguatezza e superficialità dell'esercito e del governo di Diem. Alla fine del 1962 vi erano nel Vietnam del Sud circa 11.500 militari americani, ma la situazione non migliorò, malgrado i vari programmi adottati, l'incremento di aiuti, e gli insorti vietcong occuparono sempre più molte zone governative; solo in seguito alcuni americani si resero conto che il Fronte di Liberazione Nazionale estese la sua influenza sull'80 per cento della popolazione rurale. Del resto, il pessimismo dei burocrati non venne reso pubblico, ma Kennedy incominciò a preoccuparsi dell'eccessivo coinvolgimento americano in ciò che, a suo giudizio, era dopo tutto una «guerra civile».

CAPITOLO QUINTO: LA FINE DEL SOVRANO NEMICO DEL POPOLO

Il governo statunitense cercò di presentare l'impegno in Indocina come una lotta per l'affermazione della democrazia e dei valori di libertà nel Vietnam del Sud contro l'esercito nordvietnamita, mentre il governo di Hanoi presentò il conflitto come una battaglia patriottica del Fronte di Liberazione Nazionale contro gli americani e il loro governo fantoccio. Anche se oggi l'impegno statunitense in Vietnam viene generalmente presentato come la *Guerra del Vietnam*, durante l'amministrazione Kennedy il "conflitto" tra le due fazioni non venne mai esposto pubblicamente e al pubblico non venne presentata una "guerra americana" nel Vietnam; dopotutto, come afferma lo scrittore T. Weiner, «Kennedy non intendeva mandare soldati americani a morire nella giungla». Il presidente americano fu particolarmente preoccupato nell'assicurarsi che i giornalisti a Saigon non scrivessero fatti o avvenimenti accaduti in Vietnam che potessero agitare la Casa Bianca; oltre a ciò temeva che le notizie riguardanti le azioni militari, una volta uscite dal paese indocinese, potessero in qualche modo aumentare le tensioni con Hanoi, Mosca e Pechino, incrementando le difficoltà con l'Unione Sovietica nel raggiungimento di accordi per il sudest asiatico, nel controllo degli armamenti e complicando la situazione con la Germania. Nelle conferenze stampa del 1962, alle domande concernenti il Vietnam, Kennedy minimizzò costantemente le attività statunitensi nell'area, rifiutando di riconoscere l'entrata delle forze americana in una guerra non dichiarata.

Durante tutto il 1963, le unità della CIA incrementarono in modo significativo l'invio dei consiglieri americani (ormai non più funzionari politici ma reparti speciali dell'esercito USA) che risultarono così una forza enorme assicurando i rifornimenti degli armamenti per quanto riguarda gli elicotteri da guerra e l'equipaggiamento americano ai sudvietnamiti; a maggior ragione era, quindi, indispensabile un massiccio coinvolgimento statunitense, poiché l'appoggio stesso presagiva l'intensificazione del conflitto. Non venne, tuttavia, redatto nessun piano per ottenere la tipica vittoria della guerra perché, per attuare tutto ciò, era necessario un'aggressione americana al Nord Vietnam rischiando di avere sulla coscienza un numero significante di caduti americani e un attacco da parte degli avversari cinesi, aumentando il rischio di far evolvere una guerra civile in una guerra mondiale o quanto meno una guerra che andasse a coinvolgere anche gli altri stati confinanti. L'invio dei consiglieri americani servì per addestrare e far crescere in termini militari (potenza, numero ed efficacia) l'esercito sudvietnamita e la Guardia Civile di Diem, in particolare nelle operazioni di controguerriglia, manovra nella quale il presidente Kennedy approvò il Counterinsurgency Plan (CIP). Diem, inoltre rappresentò per l'intera amministrazione kennediana la migliore via per combattere i vietcong e per contenere le emergenti spinte comuniste dell'area sud-est asiatica. Se gli americani non avessero appoggiato Diem, malgrado le varie difficoltà incontrate nella gestione amministrativa e nei rapporti di comunicazione, il loro obiettivo della lotta al comunismo sarebbe pian piano crollato e la loro immagine ne sarebbe uscita decisamente male. La storia ci racconta che alla fine gli americani uscirono sconfitti dalla cosiddetta guerra del Vietnam ma all'epoca i consiglieri statunitensi di Kennedy erano convinti di ottenere una vittoria importante sia dal punto di vista strategico sia per confermare la loro politica estera nei confronti del comunismo di Mosca e Pechino; quindi perché non appoggiare e continuare a supportare il regime di Diem, sebbene fosse corrotto, visto che un possibile scenario a lungo termine sarebbe stato quello di evitare l'effetto domino nel sud est asiatico e dare scacco matto all'Unione Sovietica e alla Cina?

Per quanto riguarda il piano strettamente strategico-militare, di notevole rilevanza sono le affermazioni rilasciate dall'ex Segretario alla Difesa americano nel 2003, Robert McNamara, nel documentario "The Fog of War", secondo le quali le intenzioni di Kennedy non furono mai volte ad un massiccio impegno militare in Vietnam. Ma l'invio dei consiglieri americani, che prima del novembre del 1963 arrivarono a 12.000 unità per invischiarsi in quella che era dopotutto una guerra civile, destò particolare scetticismo sull'effettiva volontà dell'amministrazione americana di ritirarsi dal Vietnam del Sud e l'approvazione del colpo di stato non fu la via migliore per ritirarsi dall'area.

Kennedy voleva davvero ritirarsi dal Vietnam? Su questa domanda il dibattito è tutt'oggi molto acceso tra i vari esperti del settore. Per quanto riguarda l'analisi dei documenti statunitensi, notevole rilevanza assume il National Security Memorandum dell'undici ottobre 1963 in cui le informazioni date da McNamara non emersero così chiaramente. Il memorandum riportò l'approvazione da parte del presidente delle raccomandazioni contenute nella sezione militare IB del rapporto del Segretario di Stato McNamara e del Generale Taylor sulla loro missione nel Sud Vietnam, ma, sebbene nel rapporto uno dei consigli dei due inviati in Vietnam fosse quello di annunciare (o quanto meno fosse il Dipartimento della Difesa ad annunciare) il ritiro di mille uomini dell'esercito militare americano in conformità con il programma di formazione vietnamita che avrebbe progressivamente rimpiazzato il personale statunitense con i vietnamiti senza compromissione dello sforzo bellico (quello che venne poi effettuato da Nixon attraverso la vietnamizzazione della guerra), il presidente non annunciò formalmente l'attuazione dei piani di ritiro del personale militare statunitense per la fine del 1963.

Questo può far comprendere come la strategia di Kennedy non fosse esattamente quella di ritirarsi dal Vietnam, mossa che avrebbe aumentato le critiche provenienti dall'interno dell'amministrazione inerenti all'approccio arrendevole di Kennedy nei confronti dei comunisti, bensì quella di continuare a supportare il regime di Diem sia finanziariamente che militarmente.

Quello che gli Stati Uniti volevano, era un efficace governo a Saigon; ma il leader sudvietnamita, Diem, sotto le pressioni del governo americano aveva promesso riforme che mai aveva accolto ed eseguito. Il problema di Kennedy, perciò, era la mancanza di influenza nei confronti della leadership sudvietnamita. Per questo motivo, l'ultima forma di pressione che poteva esercitare Washington era la minaccia del ritiro degli Stati Uniti dal Vietnam; in queste parole l'influenza americana si intersecava con la nozione del *"ritiro di Kennedy"*. Come afferma lo storico/giornalista/scrittore John Prados, ci sono molte citazioni e riflessioni circa il desiderio che Kennedy aveva nel liberare l'America dal pantano vietnamita, e una buona lista di funzionari americani che affermavano l'intenzione di Kennedy di uscire dal Vietnam dopo le elezioni del 1964. Ma le prove concrete del ritiro dal Vietnam da parte di Kennedy sono tutt'ora scarse e soggette ad interpretazioni. L'unica concreta prova di questo ritiro riguardava, appunto, l'incontro tenutosi ai primi di ottobre del 1963 dove venne redatto il National Security Memorandum. Questo documento e la decisione non formale di Kennedy di ritirare 1000 americani sembrano le prove più concrete ma, in un nastro registrato, il tono e l'inflessione del presidente mostravano come Kennedy fosse incerto sul da farsi. Nel dicembre del 1963 c'erano 16.300 truppe americane in Vietnam, circa 1000 in più rispetto al momento in cui venne affrontata la decisione del ritiro. Il giornalista Fred Kaplan scrive che "l'argomento riguardante la volontà di Kennedy di ritirarsi dal Vietnam diventa veramente convincente solo quando si posiziona lo scetticismo sulla guerra [di JFK] nel contesto del suo crescente disincanto con i suoi consiglieri».

Lo storico Robert Dallek arriva più o meno alla stessa conclusione dicendo che «verso la fine della vita, Kennedy aveva sempre diffidato dai suoi consiglieri militari e stava cambiando le sue opinioni riguardo la politica estera. Uno sguardo agli ultimi mesi della sua presidenza suggeriva che nel secondo mandato Kennedy avrebbe potuto compiere un ritiro americano dal Vietnam ma anche un riavvicinamento con Cuba e quindi con Fidel Castro».

Dallek, inoltre, fornisce una citazione di Kennedy che può dare il senso al nuovo punto di vista del presidente:

"Il primo consiglio che offro al mio successore è quello di osservare bene i generali per evitare la sensazione di essere sopraffatti solo perché sono uomini militari le cui opinioni su questioni militari valgono di piu".

Infatti come affermava McNamara, Kennedy resistette alle pressioni da parte della CIA e dei militari nell'affrontare la Baia dei Porci con un attacco militare contro Cuba. Durante la crisi della Baia dei Porci nell'aprile del 1961, andando contro le pressioni della CIA e dei generali militari, JFK era convinto che sotto nessuna condizione l'America sarebbe intervenuta con le forze militari per supportare l'invasione.

Continuò a sostenere questa idea anche quando diventò evidente che senza quel supporto l'invasione sarebbe fallita. Per Kennedy, il Vietnam era una guerra in cui i vietnamiti dovevano combattere con l'appoggio degli Stati Uniti; non era un conflitto americano. Dopo la morte di Kennedy, L. B. Johnson voleva seguire lo stesso pensiero del suo predecessore, ma fu ingenuo perché non capì il problema vietnamita e di conseguenza, approvando la risoluzione del Tonkino nel 1964, americanizzò il conflitto. L'escalation di LBJ avvenne a causa della sua inesperienza in politica estera; non guardò la situazione per 3 anni come fece JFK, né ebbe le credenziali per capire come gestirlo o per capire come poteva districarsi dall'intera faccenda.

Per citare Dallek di nuovo: "Il 21 novembre, il giorno in cui doveva partire per il Texas, Kennedy disse ad un alto funzionario del

Dipartimento di Stato che all'inizio del 1964 avrebbe voluto organizzare uno studio approfondito di ogni possibile opzione in Vietnam, e su come uscire da lì". É anche interessante notare che questo avrebbe potuto danneggiare la forte politica estera di Kennedy; gli errori come la Baia dei Porci furono dimenticati dopo che il presidente riuscì a gestire la crisi dei missili di Cuba; ciò dimostrò che poteva fronteggiare l'URSS. La sua gestione della crisi dei missili, però, non apparve come una nuova fase di politica estera, ma come un colpo di fortuna in mezzo a una serie di fallimenti: la "sconfitta" in Vietnam lo dimostrò.

Un altro problema erano le elezioni del 1964 che sarebbero state inevitabilmente dominate da due temi: la guerra fredda e i diritti civili. Kennedy non era mai stato convincente riguardo i diritti civili, non voleva spingere i diritti civili fino al punto d'alienare i Dixiecrats (i democratici del sud) perché avrebbe perso voti importanti ma era anche favorevole ai diritti civili per vincere contro i razzisti. Aveva bisogno di una politica estera di successo per trionfare nella sua campagna di rielezione; avere un altro grande fallimento, specialmente uno che non poteva essere giustificato come una prima "gaffe-presidenziale", come il vertice di Vienna o la Baia dei Porci, avrebbe messo a repentaglio la sua possibilità di rielezione.

Ritornando alla questione vietnamita, Kennedy, nei mesi che precedettero il colpo di Stato, fu alquanto dubbioso se comunicare o meno il messaggio di «via libera» all'ambasciatore Lodge a Saigon perché in questo modo il risultato sarebbe stato il rovesciamento brutale del presidente senza una valida alternativa che potesse sostituire la figura di Diem, contrariamente a quanto sperava Kennedy in una eventuale via pacifica con l'esilio del mandarino cattolico senza spargimenti di sangue.

Il presidente statunitense agì con particolare riluttanza poiché da una parte sapeva che il suo appoggio personale avrebbe aiutato Diem a conquistare e a mantenere il potere, ma dall'altra si sentì raggirato dal presidente sudvietnamita a causa della sua incapacità ed inesperienza nella gestione del governo e della sua ostilità nel mantenere le promesse fatte agli Stati Uniti. Nel maggio del 1963, le azioni repressive di Diem nei confronti dei buddisti fecero cambiare radicalmente il pensiero americano perché, queste azioni, allontanarono ancora di più il supporto popolare con una possibile prospettiva di vittoria a favore dei vietcong, e fecero maturare a Washington le condizioni per abbattere Diem e favorire un cambio della guardia. Kennedy, scioccato da come il regime avesse reagito alle proteste buddiste dal momento che le soppressioni draconiane di Diem contro i dissidenti offesero gli standard americani della libertà religiosa, dovette scegliere fra tre possibili vie: la prima opzione consisté nel continuare ad arrancare in modo limitato con Diem e ottenere i miglioramenti necessari attraverso la persuasione, malgrado la sua crescente impopolarità (e anche quella del fratello Nhu). Già nella primavera del 1963, il regime di Ngo Dinh Diem sembrò mostrare i segni di un degrado ad uno stato avanzato; dopo l'episodio di Ap Bac tutto l'apparato governativo edificato da Diem sembrò crollare; corruzione, sabotaggi militari, ammutinamenti, favoritismi furono le principali cause dell'inefficienza del regime e dell'insuccesso tra la popolazione.

L'influenza sempre crescente del fratello Nhu diventò persistente e riuscì a dominare e a controllare Diem negli ultimi mesi di governo. Ma, mentre il suo potere aumentava, la sua percezione della realtà scivolò drasticamente e i documenti vietnamiti, in seguito, riportarono che Nhu si mise a fumare oppio e fu accusato di essere malato di mente.

Con il ritiro di Diem dalla scena politica, l'influenza di Ngo Dinh Nhu cominciò a sostituirsi sempre più a quella del presidente. Anticipando forse il fallimento delle istituzioni morali di Diem, Nhu cominciò molto presto a dettar legge; infatti fu Nhu a organizzare il sistema di spionaggio interno e a incoraggiare la corruzione per poter controllare la burocrazia e fu sempre lui a dividere e a demoralizzare in maniera profonda gli ufficiali sudvietnamiti da determinare la loro debole resistenza di fronte al FNL. La seconda via voleva incoraggiare o supportare in segreto il rovesciamento di Diem, rischiando però un collasso del governo sudvietnamita e di conseguenza un possibile spostamento verso un governo comunista. Questa opzione, fino al 2 ottobre del 1963, non venne presa in considerazione da Kennedy (infatti nei rapporti venne sempre citata per ultima); nel memorandum presentato al presidente, Taylor e McNamara considerarono che la migliore azione sarebbe stata quella di applicare pressioni di breve termine, principalmente economiche, e inviare aiuti a lungo termine per raggiungere gli obiettivi militari e politici, i quali rispecchiarono, nel complesso, le esigenze per la vittoria finale. Il rapporto venne scritto il 2 ottobre e molto probabilmente Kennedy lo lesse immediatamente; il colpo di stato si verificò esattamente un mese dopo le considerazioni e i consigli di Taylor e McNamara: il 2 novembre. Infine la terza opzione riguardò il possibile disimpegno statunitense dell'area, approfittando dell'instabilità politica del Vietnam del Sud.

La prima opzione venne rifiutata perché l'amministrazione statunitense era convinta che non poteva vincere la guerra con Diem e Nhu. La terza fu considerata come una seria alternativa politica ma la situazione non fu ritenuta sufficientemente tragica per attuare un determinato comportamento. La seconda via venne promossa perché il Vietnam era troppo importante, gli americani volevano vincere e la ribellione dei generali sudvietnamiti sembrò offrire quella prospettiva. Il governo dei fratelli Ngo terminò tra l'1 e il 2 novembre 1963, dopo che un gruppo di generali del presidente Diem, incoraggiati dal governo degli Stati Uniti, circondò il palazzo presidenziale con le unità militari portate a Saigon da Bien Hoa e dal Delta del Mekong. Il colpo di Stato militare contro Ngo Dinh Diem e suo fratello/consigliere Ngo Dinh Nhu concluse l'impegno americano nei confronti del regime sudvietnamita supportato, e sopportato, fin dal 1954. Dopo la sconfitta francese a Dien Bien Phu nel maggio dello stesso anno, gli Stati Uniti citarono la teoria del domino dell'espansione comunista quando promossero Diem come il leader di uno sforzo per creare una nazione a sud della zona smilitarizzata. Lavorando principalmente attraverso suo fratello minore, Nhu, la stazione CIA a Saigon cercò di aiutare, per nove anni, a creare istituzioni politiche nazionali nel Sud Vietnam. Con le Forze speciali dell'esercito di Diem, la CIA aprì la strada per la creazione delle unità di autodifesa rurali che costituirono la prima espressione della pratica contro-insurrezionale degli Stati Uniti in Vietnam. Questi sforzi, e in particolare le unità di autodifesa tra i gruppi di minoranza etnica e religiosa, ebbero solamente alcuni successi locali. Ciononostante Diem non pose mai una reale importanza per vincere la fedeltà dei contadini e i suoi sforzi sporadici con Nhu, per mobilitare la popolazione contro i comunisti, furono goffi e svogliati. Diem, fin dall'inizio, si basò principalmente sulla repressione dei comunisti considerati la minaccia principale; così la combinazione tra l'indifferenza di Diem verso le condizioni di vita dei contadini e la sua indiscriminata campagna contro i comunisti alienò gran parte della popolazione. Dalla primavera del 1963, la presenza dei militari americani in Vietnam diventò ingente e non si poté parlare di ritiro dei militari statunitensi in questi termini: circa 12.000 uomini che alla fine dell'anno arrivarono a 16.000.

5.1. *L'opposizione buddista. L'inizio della fine*

Le affermazioni di Kennedy fatte a inizio mandato secondo cui gli Stati Uniti «avrebbero supportato qualsiasi amico, combattuto qualsiasi nemico per assicurare la sopravvivenza e il successo della libertà» non vennero applicate nel contesto vietnamita; certo l'affermazione può essere contraddittoria perché durante i primi mesi o addirittura i primi anni dell'impegno statunitense in Vietnam l'impressione fu quella di una nazione forte, con sani principi che aiutava le minoranze politiche ad affermarsi seguendo il principio di autodeterminazione dei popoli, ma se ci si fermasse un attimo ad analizzare quelli che furono i veri obiettivi politici americani di certo la risposta non sarebbe del tutto coerente con le promesse fatte all'inizio. Con l'amministrazione Kennedy il conflitto vietnamita venne mascherato per quasi tutta la sua durata e all'esterno il più grande paese capitalista promotore della libertà mostrava i fatti come l'opinione pubblica voleva che fossero mostrati, ma internamente il concetto di soppravivenza e successo della libertà fu surclassato dalla più ambiziosa idea di restare la superpotenza mondiale vincente in qualsiasi luogo e contesto e dalla paura di perdere letteralmente la faccia nel piano internazionale a causa di una possibile vittoria comunista. Esponenti ufficiali statunitensi ritennero che solo un governo anticomunista, a forte connotazione nazionalista e vicino alla popolazione rurale buddista avrebbe avuto la possibilità di sconfiggere il FLN, ma non ritennero Diem la persona giusta per svolgere questo compito visto che il governo anticomunista sudvietnamita si distaccò sempre più dalla popolazione a causa delle misure oppressive del regime e dalla mancanza di controllo delle scelte politiche.

Nella primavera del 1963 le relazioni tra il GVN e gli americani cominciarono ad accumulare sempre più stress. Man mano che l'impegno e il coinvolgimento degli Stati Uniti si fece approfondito, gli attriti tra i consiglieri americani e i compagni vietnamiti aumentarono. Diem, sotto l'influenza di Nhu, cominciò a lamentarsi dell'influenza statunitense in quanto stava creando un'impressione coloniale tra la gente. Nel maggio del 1963, i problemi dei rapporti USA-GVN furono sufficientemente rilevanti per preoccupare i funzionari di entrambi i governi; infatti le impressioni positive del conflitto vietnamita della Casa Bianca furono distrutte a partire dall'8 maggio, quando le forze di sicurezza del Sud Vietnam, sotto gli ordini di uno dei fratelli di Ngo Dinh Diem, spararono su una folla di manifestanti religiosi buddisti mentre stavano celebrando il 2527° compleanno di Buddha. La soppressione di questa marcia buddista nell'antica capitale imperiale vietnamita di Hue portò a una crisi politica, la cosiddetta crisi buddista, che accese Saigon per tutta l'estate e l'autunno del 1963.

Gli episodi buddisti scatenarono il declino inarrestabile del regime di Diem e furono la storia più incredibile del suo governo; nessuno poté immaginare che un paio di vittime fatte ad una manifestazione buddista a Hue, dove avvenne l'incidente principale, avrebbero deteriorato l'intero contesto fino a portare il regime ad una grave crisi con conseguenze tragiche per i fratelli Ngo. Le origini religiose dell'incidente si poterono ricondurre alla fuga in massa nel Sud dei rifugiati cattolici del Nord Vietnam dopo la sconfitta francese nel 1954; si stimò che circa un milione di cattolici fuggiti dal Nord furono reinsediati a sud del 17° parallelo e per anni i rapporti di Diem con la maggioranza buddista sudvietnamita risultarono conflittuali; lo scontro alla fine degenerò in aperta rivolta nell'estate del 1963.

Il Presidente Ngo Dinh Diem, la sua famiglia, e una gran parte dei principali leader del regime erano cattolici, in una popolazione a maggioranza buddista (70-80 percento). Secondo le stime dei funzionari americani a Saigon, il regime, ovviamente a favore della Chiesa cattolica, dichiarò apertamente un trattamento preferenziale per i cattolici nelle pratiche di impiego, nella ridistribuzione della terra, nel soccorso e assistenza, nelle licenze commerciali e di *import-export*, e soprattutto nell'occupazione delle cariche nel governo. Tuttavia, malgrado i privilegi dati ai cattolici, non vi furono delle restrizioni legali sulla libertà religiosa e la maggior parte dei buddisti fu passiva riguardo la posizione istituzionale occupata dalla Chiesa cattolica. Si manifestarono, però, varie discriminazioni amministrative contro i buddisti, anche se furono provocate tanto dalla sconsideratezza da parte di funzionari minori quanto dalla coscienza politica del governo sudvietnamita. Dal momento che Diem poté contare sulla loro lealtà, i cattolici occuparono quasi tutte le posizioni importanti sia civili che militari e, come un'istituzione, la Chiesa cattolica godé di uno status giuridico speciale; l'arcivescovo cattolico, Ngo Dinh Thuc, diventò il consulente di Diem. Prima del 1962, non vi fu alcuna discriminazione contro i buddisti; ciononostante, tra i tre e quattro milioni di praticanti buddisti del Vietnam del Sud, di cui l'80% ritenuti buddisti dichiarati, il favoritismo del regime, l'autoritarismo, e la discriminazione crearono un risentimento non ancora esternato. Nel mese di aprile il regime diemista prese una posizione palesemente anti buddista; il GVN ordinò ai suoi funzionari provinciali di imporre un'ordinanza di lunga data (generalmente ignorata) che andasse a regolare l'esposizione pubblica di bandiere religiose. Questo ordine venne emesso poco prima del compleanno del Buddha, l'8 maggio, e subito dopo che le bandiere papali furono ben visibili durante una serie di celebrazioni ufficiali volte a commemorare il 25° anniversario della consacrazione di Ngo Dinh Thuc , fratello di Diem e arcivescovo di Hue. Il Wesak, così si chiamava la festa per celebrare la nascita di Buddha, non poté più essere festeggiato e far sventolare la bandiera buddista venne considerato un crimine. Hue, l'antica capitale e provincia del Vietnam, era l'unico vero centro di formazione buddista in Vietnam e la sua università era stata a lungo un centro per i dissidenti di sinistra; non sorprende, allora, perché i buddisti sfidarono il regime sventolando le loro bandiere nonostante l'ordine di divieto, e quando l'amministrazione locale sembrò fare marcia indietro sul divieto, i monaci furono incoraggiati a tenere una manifestazione di massa (i festeggiamenti) prevista per l'8 maggio per commemorare il compleanno del Buddha. Percependo la manifestazione come una sfida al prestigio della famiglia (Hue fu anche la capitale del feudo politico di un altro fratello di Diem, Ngo Dinh Can) e all'autorità del governo, Diem ordinò ai funzionari locali di disperdere la folla. Il giorno seguente, i buddisti ovviamente infuriati si riunirono presso la stazione radio di Hue, dove al loro leader, Thich Quang Tri, non venne permesso di trasmettere il suo discorso di protesta contro l'esplicita soppressione del GVN della libertà di religione e dei favoritismi nei confronti dei cattolici. Quando gli sforzi per contenere l'incessante dissenso buddista non produssero i risultati sperati, il vice capo della provincia (cattolico) ordinò alle sue truppe di sparare. Nella mischia che ne seguì, nove persone furono uccise, tra cui alcuni bambini, e quattordici rimasero ferite; inoltre i veicoli blindati schiacciarono alcune delle vittime.

La reazione di Diem allo spargimento di sangue dell'otto maggio impostò il tono dei suoi sforzi inflessibili verso i buddisti per tutta la crisi. Nel clima della guerra fredda, il presidente diede la colpa dell'incidente ai comunisti affermando che un agente vietcong aveva gettato una granata tra la folla e che le vittime, colpite dai frammenti dell'arma, erano state schiacciate nella calca. Questo argomento, però, servì solo a screditare il GVN e ad irritare maggiormente i buddisti; infatti testimoni oculari videro le truppe del governo sudvietnamita avviare attacchi contro la folla senza essere stati provocati. Washington, immediatamente, riconobbe il potenziale infiammatorio della protesta buddista e in previsione di qualche reazione internazionale all'incidente invitò Diem ad adottare misure adeguate per riconciliarsi con i buddisti. Invece di fare gli sforzi immediati per porre rimedio alla situazione, Diem si incontrò con i leader buddisti solo il 15 maggio dando loro il tempo di consolidare le loro lamentele. Il carattere mandarinale di Diem non avrebbe mai permesso di gestire questa crisi con il tipo di flessibilità e finezza richiesto. Il presidente sudvietnamita era incapace, innanzitutto, di riconoscere pubblicamente la responsabilità della tragedia e successivamente di conciliare la rabbia buddista. Era convinto che la perdita della faccia in pubblico avrebbe messo a repentaglio la sua autorità governativa, inconsapevole del fatto, però, che nessun governante moderno avrebbe potuto ignorare a lungo una disaffezione popolare così massiccia qualunque fossero le proprie virtù personali. Così il governo si aggrappò tenacemente alla versione diemista dell'accaduto. L'arcivescovo di Hue, fratello di Diem, voleva che tutto il Vietnam del sud fosse capace di progredire velocemente verso la via cattolica (un esempio di tale fervore si può riscontrare in un villaggio non molto lontano da Hue la cui popolazione fu battezzata all'istante in massa). Thuc desiderava essere cardinale e pensò che l'esposizione di quelle bandiere potessero diminuire sensibilmente le sue possibilità di "vittoria". Per i buddisti, però, il divieto di non mettere le bandiere sulle porte di ciascuna casa come segno di festa per la nascita della loro divinità fu la miccia che accese la fiamma della rabbia buddista verso l'oppressione e il sentimento antibuddista del regime di Diem. Da parte americana questo episodio non venne mai calcolato e durante i primi giorni della crisi buddista, il pubblico americano e l'amministrazione Kennedy presero sotto tono questi avvenimenti; d'altronde i media americani erano saturi di immagini della battaglia interna per i diritti civili. Kennedy si dedicò, quindi, a trattare le proteste contro il suo governo; quando Michael V. Forrestal del Consiglio di Sicurezza Nazionale portò una relazione sulle manifestazioni buddiste a Hue, Kennedy domandò stupito: *"Chi sono queste persone?"*.

Dall'inizio della crisi buddista, i cosiddetti bonzi mostrarono una chiara intenzione di approfittare della stampa occidentale; portarono striscioni scritti sia in vietnamita che in inglese e selezionarono quei pochi bonzi in grado di parlare inglese come loro portavoce in modo da consentire che i loro messaggi potessero essere accessibili ad un pubblico internazionale. In questa fase iniziale della crisi questi striscioni furono chiaramente un tentativo di inviare i messaggi della protesta buddista nei salotti di tutto il mondo.

A giugno la crisi buddista andò fuori controllo. Diem stava impiegando metodi sempre più brutali per reprimere le proteste contro il suo governo; tra il 2 e il 3 giugno, le truppe del governo sudvietnamita interruppero le manifestazioni buddiste nelle città di Quang Tri e Hue usando gas lacrimogeni che provocarono difficoltà respiratorie e bolle sulla pelle della popolazione. Il giorno seguente circa 200 giovani indissero uno sciopero della fame alla pagoda di Tu Dam per protestare contro la brutalità e la discriminazione del governo. William Trueheart, l'incaricato degli Stati Uniti per la missione in Vietnam, insistette sul fatto che Diem stesse facendo concessioni generose ai buddisti per allentare le tensioni; inoltre criticò l'amministrazione Kennedy affermando che un'inefficiente gestione del governo permise ad un incidente localizzato a Hue di crescere fino a diventare una potenziale crisi politica. Aggiunse, oltre al resto, che se Diem non avesse velocizzato la riconciliazione con i buddisti, il problema avrebbe potuto avere serie ripercussioni sulla stabilità del governo sudvietnamita. Ancora una volta, spinto dalle pressioni di Washington, Diem negoziò con il leader buddista il 5 giugno. Questa volta riuscì ad essere più transigente alle richieste dei buddisti e, come prova di tale comportamento, fece un annuncio radiofonico per comunicare i termini del compromesso. La crisi sembrò voltare verso la fine ma gli "sforzi" di Diem per raggiungere l'accordo furono resi vani da Madame Nhu che sabotò i tentativi del GVN nell'avviare la riconciliazione attraverso delle dichiarazioni pubbliche anti-buddiste; castigò i buddisti accusandoli di essere manifestanti anti-nazionalisti,

sfruttati e controllati dai comunisti. Tale comportamento di Madame Nhu, però, danneggiò il sostegno dell'opinione pubblica americana e del Congresso. Il governo statunitense non poté più pretendere di continuare a supportare il regime con gli aiuti e l'assistenza economica e militare aggravando il costo in termini di uomini e materiali; tanto è vero che, alla fine, questo diventò uno dei motivi per cui l'amministrazione Kennedy decise di sostenere un golpe per rovesciare Diem.

Mentre i maggiori quotidiani seguirono il peggioramento della situazione in Vietnam, la crisi dei buddisti non divenne la notizia principale in tutto il mondo fino all'11 giugno 1963. Infatti, gli articoli sulla crisi furono pubblicati solo nella terza settimana di giugno, nella settimana immediatamente successiva all'evento che avrebbe consolidato l'attenzione internazionale sulle vicende del governo sudvietnamita e spinto il pubblico internazionale a chiedere l'intervento degli Stati Uniti nel cuore della protesta.

La mattina dell'11 giugno 1963, un vecchio monaco di nome Thich Quang Duc si sedette all'intersezione dei viali principali di Saigon e, con un pubblico di circa 350 manifestanti e passanti, assunse la posizione del loto (la posizione del Buddha) consegnandosi alle fiamme della morte. Questa scena venne catturata da soli due reporter americani che non ignorarono le proteste del portavoce buddista.

Le fotografie andarono sulle prime pagine dei giornali di tutto il mondo, moltiplicando così le critiche nei confronti del governo di Diem. Quang Duc puntò letteralmente l'opinione pubblica contro il regime di Diem e anche Marguerite Higgins, una delle poche sostenitrici di Diem nella stampa di Saigon, fu costretta ad ammettere la colpevolezza di Diem con una frase che delineò esplicitamente il suo pensiero: «cosa stava facendo il presidente Ngo Dinh Diem per far scegliere ai buddisti una morte orribile come auto-immolazione?».

Il suicidio di Quang Duc richiamò l'attenzione di tutto il mondo verso la situazione disperata dei buddisti nel Vietnam del Sud, la cui protesta fece appello al valore più caro degli americani: la libertà di religione. Se l'auto-immolazione di Quang Duc non fosse riuscita a catturare l'attenzione del pubblico internazionale, lo avrebbe fatto sicuramente l'intervista della CBS a Madame Nhu; nell'incontro la signora Nhu osservò cinicamente che «l'estremo sacrificio di Quang Duc fu una sorta di barbecue che intossicò tutti gli altri bonzi». Gli americani, i difensori principali della libertà, non poterono più sostenere un regime che appariva apertamente autoritario; entro la fine del mese, l'opinione pubblica americana divenne unanimemente avversa al regime di Diem, e peggior cosa, si oppose al sostegno che gli Stati Uniti stavano offrendo al governo di Diem. Gli americani rifiutarono di credere che la loro generosità verso il Vietnam del Sud non comportasse alcuna influenza nei negoziati con Diem; tuttavia iniziarono anche a credere che Diem fosse incapace di mobilitare il sostegno popolare necessario per la guerra contro il comunismo. La mancanza di fede nel regime di Diem fu incoraggiata dai media americani, come il New York Times, che specularono sulla crisi affermando il fatto che le proteste valevano come 15 vittorie comuniste nel campo di battaglia. Il *Times* spiegò come il malcontento buddista avrebbe potuto causare una resistenza passiva ai programmi di governo nelle province rurali, area in cui l'unità politica fu la chiave della vittoria nella guerra contro i vietcong.

Mentre l'opinione pubblica si scagliava contro il governo di Diem, Washington intensificò la sua pressione per la pacificazione con i buddisti. L'amministrazione Kennedy cominciò a riconoscere la posizione precaria del governo sudvietnamita sia all'esterno che all'interno del Vietnam; si stimò che una grande percentuale dei militari sudvietnamiti erano buddisti, e questa percentuale nell'esercito avrebbe potuto mobilitare l'apparato militare nel rovesciamento del governo.

La crisi buddista guadagnò anche l'attenzione internazionale, come dimostrarono le lettere inviate a Kennedy del principe cambogiano Norodom Sihanouk e del primo ministro dell'isola di Ceylon Sirimavo

Bandaranaike; esprimendo la loro preoccupazione per la sofferenza dei buddisti nel Sud Vietnam implorarono Washington ad intervenire con tutta la forza del prestigio morale americano.

Gli americani non volevano essere, in alcun modo, responsabili della sottomissione dei buddisti nel Vietnam del Sud; fu così che l'auto-immolazione del monaco segnò il punto di rottura della pazienza kennediana; in particolare, Rusk avvertì che se Diem non avesse preso misure immediate ed efficaci per ristabilire la fiducia buddista, i funzionari americani avrebbero dovuto riesaminare il loro rapporto con tutto il regime. Lottando per far fronte alla proliferazione della condanna dell'opinione pubblica del regime di Diem e il disprezzo di Diem riguardo i consigli dell'amministrazione Kennedy, gli attacchi alle pagode in tutto il Vietnam del Sud del 21 agosto esaurirono la pazienza di Washington; Diem giustificò le sue azioni affermando che le pagode buddhiste erano state infiltrate dai vietcong e che le stavano usando come luoghi di deposito armi. Quasi 2000 pagode furono perquisite e più di 1400 buddisti furono arrestati.

Il presidente sudvietnamita annunciò poi la legge marziale in tutto il paese, e ordinò alle truppe di sparare per uccidere chiunque si trovasse in strada durante il coprifuoco, compresi americani e vietnamiti. Venne imposta la censura completa della stampa in modo così efficace da tagliare le comunicazioni tra Saigon e Washington; il servizio telefonico nelle case e negli uffici di tutti i militari e del personale dell'ambasciata degli Stati Uniti venne tagliato fuori per impedire che gli americani fossero informati di quel che avveniva.

Questo chiaramente fu il segnale che evidenziò come gli Stati Uniti fossero ormai direttamente colpiti dalle azioni di Diem. Anche se i buddisti praticanti non costituivano la maggioranza della popolazione, essi infiammarono in modo efficace il popolo vietnamita contro Ngo Dinh Diem Nhu catturando l'attenzione dei media americani attraverso i suicidi sacrificali, gli scioperi della fame e le proteste in piazza. In un primo momento, gli Stati Uniti cercarono di convincere Diem a fare alcune concessioni per i buddisti, ma i loro poteri di persuasione si rivelarono inefficaci. Mentre la crisi buddista si stava facendo più grave e la maggioranza della popolazione vietnamita si stava rivoltando contro Diem, il presidente John F. Kennedy riconobbe l'instabilità della situazione e il fallimento delle precedenti politiche.

L'amministrazione Kennedy temeva che la mancanza di sostegno popolare per il regime avrebbe influito sulla capacità degli Stati Uniti nello sconfiggere i comunisti così dovette scegliere se abbandonare il Vietnam, optare per il rovesciamento dei due fratelli, o continuare ad aspettare. Decisero di abbattere Diem.

5.2. Scacco matto

Gli Stati Uniti giocarono un ruolo centrale nel complotto per il rovesciamento di Diem. In primo luogo, l'amministrazione era consapevole che se il fallimento in Vietnam fosse avvenuto si sarebbe diffuso in tutto il sud-est asiatico, pertanto questo obbligò i funzionari americani a procedere con azioni estreme, anche supportando un colpo di stato in modo da ristabilire la situazione sempre più traballante. In secondo luogo, i funzionari di governo decisero che Ngo Dinh Nhu, il fratello di Diem, non poteva più occupare una posizione di rilievo nel governo sudvietnamita perché la sua politica oppressiva stava alienando una grande percentuale della popolazione. A dimostranza di questo comportamento, Nhu fece arrestare quattromila universitari e centinaia di studenti delle scuole medie che manifestarono contro le irruzioni poiché Diem si mostrò troppo debole nei confronti dei buddisti; inoltre, con il pretesto che la stampa americana stesse riflettendo il punto di vista dei funzionari, attaccò in pubblico il governo americano e accusò il direttore della CIA, John Richardson, di aver complottato contro la sua vita. Tuttavia quello che sconcertò gli americani fu l'accusa di Nhu riguardo una vasta cospirazione internazionale contro il "suo" regime e il riferimento al fatto di aver aperto negoziati con Hanoi.

Questo indusse l'amministrazione americana a concludere che se Nhu fosse rimasto al potere i comunisti avrebbero vinto il conflitto, per cui al fine di eliminare il Vietnam di Nhu, l'amministrazione espresse la volontà di accettare un colpo di stato contro Diem e suo fratello. Anche se l'amministrazione statunitense pressò Diem perché si sbarazzasse di Nhu, Kennedy non diede mai un ultimatum perché temeva che il presidente sudvietnamita avrebbe compromesso il piano, dichiarato la legge marziale ed espulso gli Stati Uniti dal Vietnam; così la mancata emissione di un ultimatum da parte dell'amministrazione statunitense portò ad uno stato di incertezza all'interno del governo sudvietnamita nel quale Diem non sapeva se gli americani stessero pianificando un colpo di stato o meno contro la sua persona. Prima dell'agosto del 1963 non vi fu, all'interno dell'amministrazione Kennedy, la concreta decisione di adottare il colpo di stato per mettere fine alla situazione tragica del Vietnam del Sud; Kennedy stesso voleva una soluzione pacifica con l'esilio del mandarino cattolico senza spargimenti di sangue. Nel piano di contingenza preparato dal Direttore del gruppo di lavoro del Vietnam, Chalmers B. Wood, le modalità dei possibili cambiamenti del governo sudvietnamita previste dal piano non riguardarono solamente il colpo di stato, tuttavia, le possibilità furono elencate in ordine crescente di probabilità: le situazioni prevedibili andarono dal ritiro di Diem prima della fine del suo mandato nominando il vicepresidente come il suo successore costituzionale (proposta accettabile con il ritorno dunque del vicepresidente Tho).

Dall'annuncio di Diem del suo ritiro, sollecitando l'elezione di suo fratello Nhu come suo successore (opzione che avrebbe causato, però, l'ostilità del Congresso e della stampa, sebbene l'anticomunismo di Nhu e il suo impegno nel programma dei villaggi strategici fossero di notevole utilità). Le proposte continuarono fino ad arrivare ad una possibile uccisione di Diem da parte dei vietcong e infine ad un possibile indebolimento della posizione di Diem o per cause fisiche o attraverso un colpo di stato. Nell'agosto del 1963, proprio dopo le incursioni nelle pagode, un gruppo dirigente del Dipartimento di Stato composto dall'Assistente Segretario di Stato per le Questioni in

Estremo Oriente Roger Hilsman, dal Sottosegretario di Stato per gli Affari Politici e Presidente del Gruppo Speciale per il CIP, Averell Harriman e dal membro del National Security Council, Michael Forrestal non esitò più e inviò un cablogramma all'ambasciata americana a Saigon dove si espresse innanzitutto la perdita di fede del regime di Diem; si dette inoltre il consenso di cercare alternative possibili per la leadership vietnamita, ma cosa più importante, si approvò l'effettuazione del colpo di stato; il documento, che rappresentò la spinta più significativa da parte del governo degli Stati Uniti per un colpo di stato in Vietnam, fu inviato al nuovo ambasciatore Lodge con l'ordine di iniziare, in collaborazione con la CIA, l'organizzazione tra i generali sudvietnamiti scontenti di Diem. Sembrò che la tempestività della lettera fosse stata creata in modo da mettere JFK e il resto dell'amministrazione davanti al fatto compiuto. Sebbene la comunicazione "ufficiale" avvenne a fine agosto, già a luglio l'aria che si respirava era quella del golpe perché, partendo dal fatto che il vicecapo della Stazione CIA di Saigon, David Smith, affermò che la battaglia decisiva si sarebbe combattuta dentro il governo del Sud Vietnam e che l'America avrebbe dovuto infiltrarsi nel governo di Saigon, influenzarlo, accelerando i processi di decisione e d'azione al suo interno e, se ne necessario, cambiarlo, il 4 luglio Lucien Conein, agente segreto della CIA a cui venne affidato questo incarico, ricevette un messaggio dal generale Tran Van Don, capo ad interim dello stato maggiore dell'esercito sudvietnamita; «*Incontriamoci all'hotel Caravel*» diceva il messaggio. Quella sera il generale Don confidò a Conein che l'esercito si stava preparando a muovere contro Diem.

Dall'agosto, vennero tagliati il sostegno finanziario e diplomatico al governo Diem per dimostrare il disappunto americano della situazione, una mossa che indebolì notevolmente il governo sudvietnamita e incoraggiò i leader vietnamiti ad attuare il colpo di stato. Infine, mentre si discusse quale posizione gli Stati Uniti dovessero prendere in merito alla questione, la maggioranza dei funzionari dell'amministrazione fu contraria all'idea che il rovesciamento di Diem fosse l'opzione preferibile, anche se il colpo fosse riuscito, perché anche il funzionario più ottimista sapeva che dopo Diem non ci sarebbe stata un'alternativa possibile che fosse in grado di svolgere il compito eseguito dal presidente sudvietnamita. Tutti i funzionari all'interno della Casa Bianca credevano fermamente che la caduta del Vietnam nelle mani comuniste avrebbe portato al collasso l'Asia sudorientale, provocando la perdita di fiducia degli alleati in Europa, Australia, America Latina e Giappone, ma l'invio della comunicazione a Lodge innescò un dibattito all'interno dell'amministrazione riguardante il fatto se il governo americano avesse dovuto continuare a sostenere il colpo di stato o se avesse dovuto cercare di fermarlo. Frederick Nolting e il Segretario McNamara espressero l'opposizione più forte in questo periodo, mentre il sottosegretario George Ball, e ovviamente Averell Harriman e Roger Hilsman sostennero il golpe. Nolting non pensò che i generali avrebbero potuto farcela perché non disponevano di un sufficiente supporto; allo stesso tempo disse che se l'America avesse girato le spalle ai generali, questi ultimi avrebbero abbandonato completamente ogni tentativo di colpo di stato, il che avrebbe ulteriormente limitato le opzioni americane.

Tutte queste considerazioni, tutti questi "se" e "ma", dimostrarono l'incapacità di Kennedy, seppure al primo mandato nella *White House*, nel gestire una situazione che rischiava di degenerare se non si fossero prese delle posizioni forti in merito. La consultazione con i propri funzionari, con l'ambasciata a Saigon e la lettura dei vari rapporti il più delle volte contrastanti fecero nascere nella mente di JFK una sorta di contrasto, il quale problema fu la collisione di due pensieri opposti: appoggiare il colpo di stato con la preoccupazione di una possibile inclinazione del conflitto o non appoggiarlo facendo apparire l'America indifferente ad un conflitto interno che rischiava di essere vinto dai comunisti dopo che per anni gli stessi Stati Uniti si impegnarono nel proteggere tutte le nazioni dall'influenza comunista? Nella stessa seduta in cui Nolting espresse i suoi pensieri, McNamara manifestò seri dubbi riguardo a un "pulito" colpo di stato da parte dei generali giacché le forze militari erano poche e disperse. Nonostante i timori di McNamara e di Nolting, Ball sostenne il colpo di stato perché gli Stati Uniti non potevano più continuare a sostenere Nhu da quando cominciò a guadagnare potere e perché credeva che l'amministrazione fosse ormai "al di là del punto di non ritorno; insieme a Ball, l'ambasciatore Lodge e il generale Harkins sostennero l'iniziativa. Al contrario, McNamara, il presidente e la maggior parte dei consiglieri pensarono che gli Stati Uniti non avrebbero dovuto supportare il rovesciamento se non vi fosse stata una concreta possibilità di successo. Per tutto il resto di settembre e ottobre, l'esitazione dell'amministrazione continuò; da un lato, Nolting continuò a sostenere che il governo di Diem fosse ancora capace di perseguire la guerra in modo efficace e che nessun governo successore sarebbe stato in grado di fare di meglio (previsione del tutto azzeccata visto che dopo Diem, il conflitto e l'America stessa scivolarono nelle più grandi sabbie mobili che la storia statunitense potesse aver mai conosciuto).

Dall'altra parte, l'ambasciatore Lodge reagì al cablogramma del 24 agosto comunicando con due generali sudvietnamiti attraverso i contatti della CIA; i contatti comunicarono a entrambi gli uomini la posizione degli Stati Uniti riguardo Nhu e diedero loro assicurazioni volte a proteggere gli stessi generali se il colpo di stato fosse fallito o a sostenere il nuovo governo in caso di vittoria.

In vari punti durante settembre e ottobre, Lodge inviò telegrammi alla Casa Bianca e al Dipartimento di Stato che descrissero come diversi leader militari volessero sostenere un colpo di stato e come molti altri si opponessero. Le conversazioni delle sfere alte di Washington durante le riunioni si focalizzarono su quanto successo il colpo di stato potesse avere e su quanta pressione dovesse essere applicata a Diem; durante tutto questo periodo, l'indecisione aumentò.

L'irrisolutezza dell'amministrazione continuò anche a fine ottobre 1963; sebbene mancassero pochi giorni prima del rovesciamento di Diem, il 20 ottobre il Presidente Kennedy e i suoi consiglieri valutarono ancora i pro e i contro del colpo di stato.

Come sottolineò Robert Kennedy, "i rapporti dei servizi segreti erano ancora vaghi come lo erano stati fin dall'inizio del complotto e l'amministrazione non aveva la certezza della corretta esecuzione del colpo". Infatti non sapevano neppure quale fosse la persona che avrebbe preso il nuovo governo, ma erano sicuri che se il colpo di stato fosse fallito, Diem avrebbe certamente buttato fuori a calci gli Stati Uniti dal Vietnam. Il segretario Rusk avvertì inoltre che un possibile ripensamento degli Stati Uniti avrebbe causato l'antiamericanismo tra i cospiratori con un conseguente danneggiamento dello sforzo bellico. La paura c'era anche se il colpo di stato fosse del tutto riuscito dato che avrebbe potuto avere l'effetto di danneggiare ulteriormente lo sforzo bellico in quanto il nuovo governo non avrebbe avuto l'esperienza sufficiente per controllare la situazione; sostituendo tutti gli uomini della leadership civile fedeli a Diem, si temeva uno scacco matto dei vietcong nell'ottenere ingenti guadagni dal punto di vista politico.

Il direttore John McCone fu d'accordo con questa valutazione. Harriman notò che se Diem fosse rimasto al potere, il suo governo avrebbe alla fine perso tutto il sostegno delle persone, e gli Stati Uniti avrebbero dovuto lasciare il Vietnam. Tuttavia, anche se si trattò dell'ultima spiaggia, il golpe era ancora la miglior alternativa possibile e Kennedy, volente o nolente, lo approvò facendosi carico dell'uccisione di Diem e delle possibili conseguenze negative dovute al colpo.

Il golpe fu sferrato il 1° novembre; i generali che commisero il colpo di strato chiusero l'aeroporto, tagliarono le linee telefoniche della città, presero d'assalto la sede centrale della polizia, assunsero il controllo della stazione radio governativa e attaccarono i centri del potere politico. I generali, però, non mossero un passo contro la famiglia Ngo e per ore e ore attesero fuori dal palazzo mentre Diem e Nhu, difesi da poche guardie del corpo, tentarono di accedere al telefono, sulla linea militare, per parlare con i comandanti dei corpi d'armata, delle divisioni e i capi delle provincie. Il generale Don e i suoi alleati riuscirono a contattare Diem e gli chiesero di arrendersi, offrendogli l'incolumità e un lasciapassare sicuro per uscire da quell'inferno e dal Vietnam del Sud; Diem rifiutò. Il presidente sudvietnamita, successivamente, telefonò all'ambasciatore Lodge chiedendogli qual era l'atteggiamento degli Stati Uniti in merito e il funzionario americano, mentendo, rispose che non aveva informazioni sufficienti per rispondere. Poi replicò il presidente chiedendogli se aveva avuto notizia del possibile salvacondotto per uscire dal paese ma Diem, forse perché capì che l'ambasciatore era coinvolto fino al collo nel complotto, rispose di no. La conversazione terminò nel momento in cui Diem chiese a Lodge: «Ha il mio numero di telefono».

Poche ore dopo i due fratelli trovarono rifugio in una villa di un mercante cinese nel quartiere di Cholon che finanziò la rete privata di spie realizzata da Diem a Saigon; la casa era provvista di una linea telefonica collegata al palazzo presidenziale attraverso la quale Diem e Nhu poterono riprendere le trattative con il generale Big Minh come se fossero nella loro dimora ingannando tutti gli insorti. A seguito di una lunga trattativa i due si arresero e dissero al generale che si sarebbero fatti arrestare nella chiesa di San Francesco Xavier, nel quartiere cinese di Saigon. Il generale mandò un blindato per il trasporto e, con l'assicurazione di essere spostati in un luogo apparentemente sicuro per poi essere liberati purché avessero lasciato il paese, Ngo Dinh Diem e Ngo Dinh Nhu furono uccisi come due normali civili. Gli ufficiali che redassero i certificati di morte parlarono di Diem non come «Capo di Stato», ma come «Capo di Provincia» e di Nhu come «Direttore di biblioteca», etichettandoli così con l'ultima vera carica che rivestirono sotto il regime francese: era la fine di un'era e l'inizio di un'altra ancor più disastrosa per gli Stati Uniti.

Entrambi i "re" delle due fazioni cercarono di muovere le pedine in vista della mossa che avrebbe dato scacco matto o all'uno o all'altro, ma al contrario di una partita a scacchi, dove l'indispensabile è anticipare, collocare in maniera accurata le proprie forze e prevedere e neutralizzare quelle del proprio avversario, i due presidenti non anticiparono né prevederono le sorti dell'incontro in quanto con la morte di Diem il governo americano non poté fare affidamento su nessun altra figura politica sudvietnamita per controllare il paese e Diem si accorse, troppo tardi, del complotto contro la sua persona.

Come la storia ci racconta, quel mese, che portò alla morte di Diem, fu protagonista di un altro disastroso e sconvolgente evento per gli Stati

Uniti che rimane tutt'ora una questione non pienamente risolta: l'assassinio di John Fitzgerald Kennedy a Dallas il 22 novembre 1963, appena tre settimane circa dopo il colpo di stato nel Vietnam del Sud. L'interesse del pubblico riguardo l'assassinio di JFK non si è mai placato; persone di tutto il mondo erano e sono ancora desiderose di sapere perché venne ucciso, quali motivazioni nascoste indussero il killer Oswald (che venne ammazzato poco prima di venir processato) a sparare e se agì da solo. Queste domande portarono alla creazione, da parte di Lyndon B Johnson (diventato presidente), della Commissione Warren per il controllo sugli assassinii, un gruppo congressuale destinato ad indagare sull'omicidio. Sono state offerte notevoli riflessioni, critiche, la bibliografia dell'assassinio di Kennedy è molto vasta a riguardo, tuttavia, nessuna delle prove analizzate può essere pienamente provata.

Un gruppo di teorie sostenne che Kennedy venne ucciso perché non riuscì ad aiutare gli esuli cubani nel 1961 nel loro tentativo di invadere Cuba e a rovesciare il governo comunista di Fidel Castro. E ancora un'altra teoria sostenne che la mancata distruzione di Cuba durante la crisi missilistica del 1962 fece arrabbiare talmente tanto le fazioni anti-Castriste che lo uccisero. Un'altra teoria riguardava il rapporto del presidente con il fratello Robert Kennedy nel momento in cui divenne procuratore generale. "Bobby" Kennedy era un nemico implacabile della criminalità organizzata e l'unico modo per fermare il procuratore generale era quello di uccidere il presidente; ovviamente questo è il pensiero di alcuni ricercatori e investigatori, sono soltanto supposizioni in quanto non vi è alcuna prova reale esistente.

Un insieme di teorie, invece, ci dice che furono proprio i piani del presidente circa il Vietnam a spingere per il suo omicidio. Uno sguardo agli ultimi mesi della sua presidenza suggeriva che nel secondo mandato Kennedy avrebbe potuto compiere un ritiro americano dal Vietnam ma anche un riavvicinamento con Cuba e quindi con Fidel Castro. Dal 1963, gli Stati Uniti stavano diventando sempre più coinvolti nella guerra del Vietnam e avevano già inviato rifornimenti, armi, e diverse migliaia di "consiglieri" e "istruttori". Ma il presidente non voleva andare oltre nell'aiutare il Vietnam del sud; era pronto a interrompere l'invio di aiuti, anche se il Vietnam del Sud affermava di possedere un governo democratico e un esercito desideroso di fronteggiare il Vietnam del Nord. Il presidente disse che il Vietnam era troppo lontano dagli Stati Uniti, che l'affermazione dello spostamento del Vietnam del Sud verso la democrazia era falsa, e che i soldati americani non dovevano combattere in quella che era effettivamente una guerra locale. Quindi, la teoria secondo la quale il presidente sia stato ucciso da coloro che volevano gli Stati Uniti impegnati attivamente nella guerra del Vietnam ha un senso in quanto la guerra alimentava le industrie, i fornitori d'armi e quindi si sarebbero avuti più guadagni industriali, oltre che a vantaggio delle gerarchie militari.

Il film "JFK", il cui regista, produttore e scrittore è Oliver Stone, venne mostrato per la prima volta nel dicembre 1991; va detto anche che il successo del film divenne tale grazie all'aiuto di due libri importanti: il libro di Jim Garrison "Sulle tracce degli assassini" e il libro di Jim Marr "Crossfire: Il complotto che uccise Kennedy". Nel suo film, Stone accusa che la cospirazione che uccise Kennedy andava al di là del semplice complotto sovietico o delle rivendicazioni anti-castriste; il tutto, come afferma anche Morrison nel suo libro, si estendeva ai livelli più alti del governo americano, dal Pentagono, al Joint Chief of Staff, all'FBI alla CIA e anche alla stessa Casa Bianca e quindi dubita sulla tesi ufficiale dell'indagine Warren, la quale stabilì che Oswald fu il solo esecutore dell'attentato. Inoltre continuava a legare il fattore militare con l'industria americana in un'alleanza militare/industriale.

Va notato, però, che Stone non cita nomi di persone dell'elite politica statunitense, dice soltanto che certi uomini di alto rango all'interno delle organizzazioni citate erano responsabili della morte del presidente; volevano JFK morto in quanto minaccia per i loro piani. Stone sostiene inoltre che l'industria americana voleva che la guerra del Vietnam proseguisse per motivi di avidità: più guerra, più elevati profitti industriali.

Ma chi odiava Kennedy a tal punto da ucciderlo? C'era la mafia, turbata per la lotta alla criminalità promossa dal presidente e da suo fratello, il complotto che non voleva che Kennedy ostacolasse il signoraggio bancario; i texani per le politiche troppo permissive nei confronti dei comunisti e infine i militari per i suoi atteggiamenti non abbastanza bellicosi verso il Vietnam. Infatti la spiegazione più plausibile sembra essere il fatto che Kennedy si preparasse a ritirare i soldati americani dal Vietnam, dopo aver cambiato profondamente la CIA e il suo organico a causa del fallimento subito a Cuba.

Kennedy scelse come suo compagno di corsa Johnson, perché poteva produrre un numero vincente di voti. Il vicepresidente pensava di assumere un ruolo attivo nel governo Kennedy ma dopo l'insediamento nel 1961, venne largamente ignorato; infatti nell'unico ruolo importante che il presidente diede a Johnson, cioè negoziare con Diem nel maggio del 1961, il vicepresidente prese delle decisioni riguardo l'atteggiamento da tenere nei confronti di Diem senza l'approvazione di Kennedy che successivamente inviò Taylor per capire la gravità della situazione; e Johnson stava perdendo molti dei suoi fedeli seguaci texani. Per cui si sedette in silenzio, aspettando il suo tempo. Quel tempo arrivò, dicono i suoi accusatori, quando il presidente Kennedy sfilò con la limousine aperta nelle strade di Dallas; l'amministrazione americana progettò l'intero programma. Queste sono accuse molto gravi, ma non possono essere provate. Gli investigatori non sono mai stati in grado di collegare definitivamente LBJ all'uccisione di JFK. Non c'è dubbio, però, che Johnson era un ambizioso e potente uomo politico. Tuttavia, sembra essere apparsa una registrazione tra la first lady Jacqueline "Jackie" Kennedy e lo storico Arthur Schlesinger circa un possibile coinvolgimento di Johnson nell'omicidio di JFK. Il documento in questione è un'intervista concessa da Jacqueline Kennedy allo storico americano Schlesinger l'indomani dell'attentato mortale ai danni di JFK. I nastri del suo colloquio sarebbero dovuti restare al sicuro almeno fino al 2044, nascosti nei più inaccessibili archivi della Kennedy Library di Boston. Questi documenti invece saranno resi pubblici dalla figlia Caroline e finiranno al centro di un documentario della Abc. Secondo quanto reso pubblico da Caroline Kennedy, la first lady era convinta che dietro l'omicidio del marito vi fossero il vicepresidente e una lobby texana. E lo rivelò a Schlesinger. Secondo il Daily Mail, la registrazione del colloquio doveva restare segreta per 50 anni dopo la morte di Jacqueline; ciò nonostante, la figlia Caroline, l'ha offerta alla Abc in cambio della soppressione della miniserie "The Kennedy's".

Jacqueline era convinta di conoscere il nome dei mandanti dell'assassinio al marito, indicando per la prima volta Lyndon Johnson, ovvero colui che era diventato Presidente degli Stati Uniti portando l'escalation in Vietnam, il principale cospiratore.

Secondo la corrente letteratura cospiratrice, la morte di JFK sarebbe avvenuta per il continuo e irremovibile rifiuto di Kennedy ad accettare l'intervento in Vietnam. Nell'intervista è Jacqueline in persona a fare il nome di Johnson assieme ad una lobby di texani. Lee Oswald, accusato di essere l'unico assassino di Kennedy, sarebbe stato quindi il braccio degli affari. Questa presunta verità aveva visto la censura della stessa Jacqueline; l'ordine era indiscutibile: solo dopo 50 anni sarebbe stato possibile divulgare tale intervista. Invece quel nastro ceduto quest'anno (2011) alla Abc vuole gridare al mondo una verità che altrimenti sarebbe rimasta sepolta per altri 30 anni, e non solo un pretesto, al quanto scadente, per fermare la miniserie "The Kennedy's".

Una domanda rimane però: fu corretto dire che gli Stati Uniti non parteciparono al colpo di stato o l'amministrazione Kennedy fu in parte responsabile?

Senza ombra di dubbio si può affermare che l'amministrazione evitò la responsabilità diretta attraverso l'indecisione perpetuata durante il periodo di settembre-ottobre, ma questo comportamento rifletté il continuo fallimento di Washington e le politiche adottate da Kennedy nel cogliere le dinamiche della situazione, puntando verso la disperata ricerca di una via di mezzo che avrebbe portato un cambiamento di politica, senza un cambiamento di governo. Per quanto riguarda Kennedy, l'interesse nell'appoggiare un golpe contro Diem non aveva il sapore del disimpegno americano dalla guerra promosso con così tanto fervore; sebbene tutt'oggi non si ha la certezza, chiaramente non si può concludere il fatto che se Diem non fosse stato rovesciato avrebbe fatto un lavoro migliore perché ulteriormente pressato dalla stessa amministrazione (se Kennedy non fosse stato ucciso a Dallas) o da un altro gruppo di dirigenti americani, magari con idee e piani differenti dal punto di vista strategico rispetto a quelli di JFK. Tuttavia, è chiaro che la scomparsa di entrambi i presidenti e il fallimento dell'amministrazione nel pianificare un governo successore portò a un crollo molto più rapido della guerra nel Vietnam del Sud e accelerò il coinvolgimento statunitense nell'area.

Stranamente, l'assassinio di Diem sconvolse Kennedy; il colpo di stato a Saigon fu l'apice di tre mesi di conversazioni, conversazioni che divisero il governo sia a Washington che a Saigon, ma fu Kennedy stesso a dare il via libera a Lodge che a sua volta lo diede ai cospiratori sudvietnamiti (tutto sommato, però, anche se i generali del sud non avessero ricevuto l'ordine di procedere con il colpo, lo avrebbero fatto lo stesso visto che la macchina si era attivata circa un mese prima che l'amministrazione americana prendesse in esame questa possibilità). Kennedy si disse "traumatizzato" dall'omicidio del presidente Diem (cattolico come lui) in un *coup d'état* da lui autorizzato, rinvigorendo la tesi che volesse ritirarsi dal Vietnam. Perché allora continuare ad inviare aiuti economici, equipaggiamento, armi, consiglieri, supervisori, sostenere il presidente di cui si sa che la reputazione e il prestigio politico stanno pian piano sprofondando in un fango da cui è impossibile muoversi, e poi alla fine ucciderlo se già nei piani politici e strategici di politica estera si ha l'intenzione di ritirarsi dal paese in cui si sono spesi o buttati via (dipende dai punti di vista) milioni di dollari? Alla fine JFK pensò che: "noi [alla Casa Bianca] dobbiamo sopportare un bel senso di responsabilità per questo". Il presidente si rammaricò di aver dato l'approvazione del colpo di stato senza aver convocato il gabinetto al quale McNamara e Taylor avrebbero potuto presentare i loro pareri. Nei nastri segreti che registrarono tutte le conversazioni di Kennedy del 4 novembre 1963 (18 giorni prima della sua morte), il presidente rivelò di aver inviato una specie di contrordine ai generali sudvietnamiti due giorni dopo ma ormai il dado era stato tratto.

Kennedy credé che Diem avesse meritato di meglio dal Sud Vietnam. Come accade a Cuba con l'invasione della baia dei porci, JFK si rese conto di non essere realmente al comando; il piano, volto a invadere l'isola di Cuba, fu preparato prima che Kennedy si insediasse alla Casa Bianca e le fasi dell'intervento vennero programmate dagli agenti della CIA, il cui capo fu Allen Dulles. Solo all'ultimo momento venne interpellato il presidente per dare l'approvazione al piano e il possibile paragone con gli eventi del Vietnam del sud, in cui Kennedy sembrò non avere quel "polso duro" nel gestire la situazione del colpo di stato, fa capire come la CIA ma anche i collaboratori stessi prendessero decisioni "alle spalle" del presidente, facendolo venire a conoscenza dei fatti solo quando quest'ultimi erano già stati compiuti.

Ovviamente gli interessi americani furono quelli di promuovere i valori democratici in Vietnam non tenendo conto però della cultura, del sistema politico della regione; nel compiere tale azione si raffigurarono come una nuova potenza coloniale che da parte vietnamita doveva essere sconfitta per ottenere le libertà tanto desiderate. Per quanto riguarda più specificatamente gli interessi statunitensi, l'interesse non era tanto quello di Kennedy ma quello dell'alleato sudvietnamita e anche dei consiglieri americani residenti a Saigon che volevano cambiare definitivamente il governo sperando in una nuova migliore ed efficace amministrazione in Vietnam. Per JFK il colpo di stato era l'ultima opzione da prendere in considerazione perché, come effettivamente successe, avrebbe portato ad una totale destabilizzazione del sistema vietnamita.

L'enfasi nel ripercorrere la storia dell'amministrazione Kennedy in Vietnam per comprendere le dinamiche del colpo di stato e l'approfondimento dei momenti che portarono al successo dello stesso ai danni di Ngo Dinh Diem e di suo fratello Nhu tra l'uno e il due novembre 1963 evidenziano in maniera marcata quelli che furono i limiti non solo del governo sudvietnamita e della sua gestione interna ma anche i limiti dell'amministrazione di JFK nell'affrontare, innanzitutto, una crisi comunista nel terzo mondo. Gli Stati Uniti dovettero affrontare il comunismo e la sfida lanciata da alcuni paesi del

Terzo Mondo, che si dichiararono "non allineati" sperando di bloccare la spirale della guerra fredda, e altri che favorirono la politica dell'Unione Sovietica; per riuscire a battere il comunismo nel terzo mondo dovevano avviare una ripresa economica e attuare riforme e miglioramenti con metodi e strumenti adatti per non essere inquadrati solamente come una potenza egemone. La concretizzazione di questo programma si imbatté, però, in una serie di limiti dati dalla posizione di debolezza di JFK, eletto con un margine insignificante di voti; il Congresso, pur detenendo la maggioranza democratica, non promulgò alcuna delle proposte di Kennedy, neppure sui problemi di politica interna riguardanti la questione dei neri che il presidente mise più volte in rilievo.

Sebbene gli Stati Uniti avessero dichiarato sin dall'inizio di aiutare e difendere i popoli liberi dalla minaccia di minoranze armate o di pressioni esterne, loro stessi volevano inserire nelle nazioni politicamente instabili (in questo caso specifico il Vietnam) la loro politica, il loro modo di pensare, facendo in modo che i paesi del terzo mondo adottassero pratiche di governo democratiche sottraendoli dall'influenza sovietica e cinese.

L'impegno americano di Kennedy nel Vietnam rappresentò la manifestazione del modo di agire americano che, insensibile agli interessi dei popoli e immettendosi nella vita di altri paesi rafforzando la propria superiorità mondiale in nome della democrazia, mise in pericolo la vite altrui al solo scopo di mantenere integra la propria posizione nei confronti dell'opinione pubblica. Tuttavia la forma di governo democratica si presenta agli stati come una soluzione raggiungibile solo attraverso la loro libera determinazione; pratica questa, che il "popolo della libertà" non comprese continuando a prediligere un'idea di democrazia basata su un'incapacità nell'ascoltare e nel vedere lo sconforto e il malcontento dei popoli.

Sia con l'amministrazione Kennedy ma anche con tutte le altre amministrazioni che gli succedettero lo scontro in Vietnam si presentò come una "sporca guerra" perché opposta al diritto di autodeterminazione dei popoli.

La posizione degli Stati Uniti come superpotenza a livello mondiale si stava erodendo; intimoriti nell'assumersi nuovi coinvolgimenti nel terzo mondo e sempre più incapaci di mantenere la loro egemonia sui paesi capitalisti, l'amministrazione Kennedy decise di affidarsi ad un uso non convenzionale della guerra (ciò significa una guerra mediante operazioni militari e paramilitari, di lungo termine, gestite da forze indigene addestrate da forze esterne). Se fosse stato utilizzato il metodo della guerra convenzionale, gli Stati Uniti, oltre che ad impegnarsi in un conflitto interno di un altro paese, considerato all'inizio non fondamentale per il proseguo della loro strategia politica, sarebbero stati accusati di non aver mantenuto la loro linea ideologica di pensiero fondante sul principio di libertà e di autodeterminazione dei popoli.

Durante gli scontri di natura politica con il Vietnam del sud, appoggiato dagli USA quindi in fin dei conti era come se anche gli americani stessero partecipando alla battaglia, il Vietnam del nord non si impegnò mai nell'esternare il suo tipo di internazionalismo socialista al di fuori della sua regione; la rivoluzione vietnamita divenne, tuttavia, una fonte di ispirazione indiretta per gli altri paesi nel Terzo Mondo; diventò il simbolo di resistenza contro gli Stati Uniti, di eroismo rivoluzionario, di Davide che combatte Golia; per molti terzomondisti, il Vietnam fu un fulgido esempio della "buona guerriglia".

Che Guevara, di ritorno dal Congo, inviò un messaggio alla Conferenza Tricontinentale all'Havana gridando non per uno, ma per due, tre Vietnam:

> *"Le persone di tre continenti stanno guardando e imparando una lezione in Vietnam. Dal momento che le potenze imperialiste utilizzano la minaccia della guerra per ricattare l'umanità, la risposta corretta è non aver paura della guerra. Attacchi duri e senza tregua in ogni punto del confronto — questa deve essere la tattica generale della gente".*

Il tentativo del "Vietnam di Diem" dimostrò (anche grazie al vantaggio della religione cattolica e del senso anticomunista del presidente sudvietnamita) come gli sforzi del presidente Kennedy furono diretti a rafforzare economicamente, politicamente e militarmente il regime di Diem, finendo ben presto per condizionare a ogni livello il governo sudvietnamita attraverso i consiglieri statunitensi inviati a Saigon. JFK, convinto che il Vietnam del sud potesse diventare un paese democratico e sicuro, gettò fango sulla concezione comunista del Nord Vietnam, ma il presidente Diem, come si poté dedurre basandosi sul comportamento tenuto nei confronti degli americani, non ritenne che le idee democratiche americane potessero venir applicate al governo sudvietnamita e all'intero paese, poiché troppo immaturo e politicamente instabile. Kennedy si impegnò comunque nel raggiungimento del suo obiettivo inviando "consiglieri", reparti speciali, vicepresidenti, funzionari di Washington ma alla fine l'amministrazione di JFK diventò sempre più insoddisfatta e intollerante nei confronti di Diem; insoddisfazione che alla fine portò l'uccisione di Diem. Il leader di Saigon prese in prestito agli stranieri le armi da usare contro i propri compatrioti; se egli avesse mirato alla costituzione di una nuova comunità politica, molti vietnamiti avrebbero approvato le sue operazioni militari necessarie alla restaurazione dell'armonia sociale.

I presidenti americani, da JFK fino a Johnson e Nixon, avrebbero avuto un minor numero di problemi politici se fossero stati in grado di combattere efficacemente la guerra. Esistevano elementi intrattabili nella natura del conflitto e difficoltà intrinseche nel raggiungere una triangolazione corretta per una vincente strategia politica-militare. Elementi intrattabili, oltre allo stato geografico e internazionale del Vietnam dopo il 1954, riguardavano l'incapacità di Washington a convincere i leader di Saigon a seguire le promesse fatte al governo americano dovuta da un'eccessiva rigidità di Saigon. Le difficoltà si potevano includere in quello che era un limite dell'esercito americano, la sua dottrina e il suo stile di guerra, adatti per una guerra convenzionale o nucleare e non per una guerra civile tra ribelli che facevano della guerriglia la propria forza. Dopo dieci anni di coinvolgimento attivo in Indocina, la comprensione americana del

Terzo Mondo non aveva tratto lezione dall'esperienza storica. Il modello mitico e astratto, applicabile a qualsiasi nazione, su cui si basava la politica degli Stati Uniti, non rifletteva tanto ignoranza della storia, della cultura e della società altrui, quanto indifferenza. E dato che la realtà vietnamita era irrilevante ai fini della politica americana, le sconfitte venivano di solido considerate semplicemente tattiche. Così Diem era una sconfitta tattica, facilmente rimpiazzabile da una giunta completamente dipendente dagli Stati Uniti e quindi pronta a seguirne i consigli senza porre obiezioni. Dopo il successo del golpe, a Washington la domanda importante in questo momento era se i generali sarebbero stati in grado di restare uniti per costruire un governo stabile.

Il 3 novembre 1963, l'Ambasciatore Lodge si sedette con la nuova leadership civile e parlò nello specifico delle politiche del nuovo governo e dei futuri aiuti economici degli Stati Uniti; i generali immediatamente espresso interesse per la ripresa del sostegno americano per aiutare il governo a funzionare di nuovo.

Il Dipartimento di Stato americano previde, ottimisticamente, che il governo avrebbe rapidamente posto rimedio alla situazione militare poiché i generali sottolinearono il desiderio di andare avanti con la guerra a pieno regime. Anche se il nuovo governo non sembrò iniziare nella maniera migliore, per le prime due settimane, la Casa Bianca continuò a credere che i generali avrebbero messo da parte la popolarità del colpo di stato, istituendo un nuovo governo, e combattendo la guerra in maniera più efficace. L'ottimismo che caratterizzò le prime settimane del nuovo regime fu presto offuscato dalle notizie negative che uscirono dal Vietnam secondo le quali la guerra non stava andando bene come sperato dagli americani. In primo luogo, un rapporto del Bureau of Intelligence and Research dichiarò che il morale dell'esercito sudvietnamita stava soffrendo gravemente; più dell'80% delle truppe disertò, e i vietcong aumentarono i loro attacchi ad un livello che non si era mai visto per sei mesi e conquistarono molte armi e altri materiali. Il nuovo governo di Saigon non si riprese mai dal colpo di stato contro Diem; anche se i generali espressero la loro volontà di risolvere i problemi che il regime di Diem creò, incontrarono gravi problemi perché non avevano un chiaro programma di azioni volte a vincere la guerra. Inoltre, i generali diventarono sospettosi gli uni degli altri; se uno di loro aumentava il suo potere su un territorio o su una divisione del governo, gli altri cercavano sempre di contrastare i suoi sforzi. Gli americani cominciarono a temere che la rivalità tra i generali avrebbe causato la rottura nel governo. L'ulteriore deterioramento dello *Strategic Hamlet Program* fornì ulteriori prove sul fallimento del nuovo governo. Inoltre, problemi economici e morali afflissero il paese e di conseguenza il sistema crollò e i generali assetati di potere presero il sopravvento uno dopo l'altro.

La difficoltà con la quale si scontarono i nuovi dirigenti sudvietnamiti non fu tanto quella di reprimere l'opposizione, quanto di creare un governo; indecisi se considerarsi o meno la nuova autorità di governo, il generale Duong Van Minh e i suoi ufficiali fecero poco niente per creare l'ossatura delle istituzioni civili attraverso le quali avrebbe potuto nascere l'autorità politica. L'impressione fu quella di aver pensato solamente alla preparazione del complotto piuttosto che alle conseguenze di tale azione. La caduta del regime di Diem determinò il fiorire di una miriade di nuovi giornali e partiti politici e le loro polemiche, oltre che costituire un mutamento dopo l'uniformità della stampa di Diem, rivelarono in modo chiaro la mancanza di qualsiasi forza politica coerente necessaria per porre una solida base amministrativa nel paese. L'amministrazione statunitense sfuggì dall'accusa del colpo di stato ma fu responsabile per tutto il resto delle operazioni fatte nel paese indocinese; a partire dall'appoggio alla Francia nei primi anni del coinvolgimento con la successiva presa di potere in un paese soggiogato dalle promesse americane di libertà, diritti sia civili che umani, modernizzazioni dal punto di vista economico, un paese i quali occhi furono bendati dalle mani occidentali per non mostrare la realtà che i vietnamiti avrebbero voluto vivere: l'istituzione di un unico governo vietnamita comandato dall'eroe Ho Chi Minh basato su principi marxisti e confuciani. Con la presidenza Kennedy si volle imporre ad uno stato del sud est asiatico i propri valori, le proprie idee ed il proprio governo non tenendo conto della cultura, della popolazione e di tutta una serie di valori fondati su idee confuciane che da secoli rappresentavano lo stile di vita di tutti i vietnamiti.

J.F. Kennedy e il Vietnam del Sud

BIBLIOGRAFIA

- Berger Mark T., *The Battle for Asia. From decolonization to globalization,* Routledge, 2003;
- Dallek Robert, *John F. Kennedy – An unfinished Life*, Oxford University Press, 2003;
- Di Nolfo Ennio, *Storia delle relazioni internazionali, 1918-1999*, Laterza, 2007;
- Fitzgerald Frances, *Il Lago in Fiamme-Storia della Guerra in Vietnam*, Einaudi, 1974;
- Hall Mitchell K., *La guerra in Vietnam*, Il Mulino, trad. di L. Pece, 2003;
- Jacobs Seth, *Cold War Mandarin: Ngo Dinh Diem and the Origins of America's War in Vietnam*, 1950-1963. Rowman & Littlefield Publishers, 2006;
- Marilyn B. Young, *Le guerre del Vietnam*, Oscar Mondadori Storia, 2007;
- McMahon Robert J., *The Cold War-A Very Short Introduction*, Oxford University Press, 2003;
- Montessoro Francesco, *Vietnam - Un Secolo di Storia*, Franco Angeli, 2002;
- Morrison Jim, *Sulle trace degli assassini*, Sperling & Kupfer, 2003;
- Prados John, *Vietnam - History of an Unwinnable War*, 1945-1975, University Press of Kansas, 2009;
- Schlesinger Arthur M., Jr., *Vietnam, un'amara eredità (1941-1966)*, Milano, Rizzoli, 1967;
- Schlesinger Arthur M., Jr., *A Thousand Days - John F. Kennedy in the White House*, Mariner Books, 2002;

- Weiner Tim, *CIA - Ascesa e caduta dei servizi segreti più importanti del mondo*, Rizzoli, 2010;
- Westad Odd A., *The Global Cold War*, University Press of Cambridge, 2007;

DOCUMENTI STATUNITENSI

- The Pentagon Papers, Gravel Edition, Vol. 1, Chapter 3, The Geneva Conference, May-July, 1954, Boston: Beacon Press, 1971;
- The Pentagon Papers, Gravel Edition, Volume I, Chapter 5, Origins of the Insurgency in South Vietnam, 1954-1960, Boston: Beacon Press, 1971;
- The Pentagon Papers, Gravel Edition, Volume 2, Chapter 1, The Kennedy Commitments and Program, 1961, Boston: Beacon Press, 1971;
- The Pentagon Papers, Volume 2 Chapter 2, The Strategic Hamlet Program, 1961-1963, Gravel Edition, Boston: Beacon Press, 1971;
- The Pentagon Papers, Gravel Edition, Volume 2, Chapter 4, The Overthrow of Ngo Dinh Diem, May-November, 1963, Boston: Beacon Press, 1971;

- National Security Memorandum No. 263, 11 October 1963, Source: The Pentagon Papers, Gravel Edition, Volume 2;

Documenti del Dipartimento di Stato Americano – Foreign Relations of the United States (FRUS)

- U.S. Department of State, Foreign Relations of the United States (FRUS), 1958-1960, Volume I, Vietnam;
- U.S. Department of State, Foreign Relations of the United States (FRUS), 1958-1960. East Asia-Pacific Region; Cambodia; Laos: Volume XVI;
- Memorandum of Conference on January 19, 1961 between President Eisenhower and President-Elect Kennedy on the Subject of Laos;
- Despatch From the Ambassador in Vietnam (Durbrow) to the Department of State, June 1960, Document 169, FRUS, 1958-1960, Volume I, Vietnam;
- Visit of General Edward G. Lansdale to Vietnam, January 2-14 1961, FRUS, 1961-1963, Volume I, Vietnam, 1961;

- Letter From the Secretary of Defense's Deputy Assistant for Special Operations (Lansdale) to President Diem, Washington, January 30, 1961, Document 6, FRUS, 1961–1963 Volume I, Vietnam, 1961;

- Memorandum From the President's Deputy Special Assistant for National Security Affairs (**Rostow**) to the President, **Washington, April 12, 1961,** Document 27, FRUS, 1961–1963 Volume I, Vietnam, 1961;

- Program for the Presidential Task Force on Vietnam, Washington, April 22, 1961 Document 32, FRUS, 1961–1963 Volume I, Vietnam, 1961;

- Telegram from the Department of State to the Embassy in Vietnam, FRUS, 1961-1963, Volume I, Vietnam, 1961;

- Memorandum From the Secretary of Defense's Assistant for Special Operations (Lansdale) to the President's Military Representative (Taylor), Washington, July 21, 1961, Document 101, FRUS, 1961-1963, Volume I, Vietnam, 1961;

- Paper Prepared by the President's Deputy Special Assistant for National Security Affairs (Rostow),

Document 102, FRUS, 1961-1963, Volume I,
Vietnam, 1961;

- Memorandum From the President's Military
Representative (Taylor) to the President, Washington,
September 18, 1961, Document 134, FRUS, 1961–
1963 Volume I, Vietnam, 1961;

- Memorandum for the Record by the Deputy
Secretary of Defense (Gilpatric), Document 156,
FRUS, 1961-1963, Volume I, Vietnam, 1961;

- Memorandum From the Chairman of the Joint Chief
of Staff (Taylor) to the Secretary of Defense
(McNamara), Document 319, FRUS, 1961-1963,
Volume II, Vietnam, 1962;

- Memorandum From the Chairman of the Joint Chiefs
of Staff (Taylor) and the Secretary of Defense
(McNamara) to the President, Document 167, FRUS,
1961-1963, Vietnam;

- Memorandum from the Chairman of the Joint Chief
of Staff (Taylor) and the Secretary of Defense
(McNamara) to the President, October 2, 1963,
FRUS, 1961-1963, Volume 4, Vietnam, August-
December 1963;

- Telegram From the Consulate at Hue to the
Department of State, 9 May 1963, Document 112,

FRUS, 1961-1963, Volume III, Vietnam, January-August 1963;

- Telegram From the Consulate at Hue to the Department of State, 10 May 1963, document 116, FRUS, 1961-1963, Volume III, Vietnam, January-August 1963;

- Telegram From the Embassy in Vietnam to the Department of State, 18 May 1963, document 129, FRUS, 1961-1963, Volume III, Vietnam, January-August 1963;

- Telegram From the Consulate at Hue to the Department of State (3p.m., 10 May 1963), document 130, FRUS, 1961-1963, Volume III, Vietnam, January-August 1963;

- Telegram from the Embassy in Vietnam to the Department of State (3 June 1963), FRUS, 1961-1963, Volume III, Vietnam, January-August 1963;

- Telegram from the Embassy in Vietnam to the Department of State (4 June 1963), FRUS, 1961-1963, Volume III, Vietnam, January-August 1963;

- Telegram from the Embassy in Vietnam to the Department of State, 1p.m, 6 June 1963, FRUS, 1961-1963, Volume III, Vietnam, January-August 1963;

- Telegram from the Embassy in Vietnam (Trueheart) to the Department of State (Hilsman), 1a.m, 9 June 1963, FRUS, 1961-1963, Volume III, Vietnam, January-August 1963;

- Telegram from the Embassy in Vietnam to the Department of State, 8 June 1963, FRUS, 1961-1963, Volume III, Vietnam, January-August 1963;

- Telegram from the Department of State to the Embassy in Vietnam, 8.52p.m., 1 July 1963, FRUS, 1961-1963, Volume III, Vietnam, January-August 1963;

- Telegram from the Embassy in Vietnam to the Department of State, 5p.m., 11 June 1963, FRUS, 1961-1963, Volume III, Vietnam, January-August 1963;

- Telegram from Prince Sihanouk to President Kennedy, 14 June 1963, FRUS, 1961-1963, Volume III, Vietnam, January-August 1963;

- Telegram from the Department of State to the Embassy in Vietnam, 11.03p.m., 11 June 1963, FRUS, 1961-1963, Volume III, Vietnam, January-August 1963;

- Telegram From the Department of State to the Embassy in Vietnam, August 24, 1963, Document

281, FRUS,1961-1963, Volume III, Vietnam, January-August 1963;

- Contingency Plan Prepared by the Director of the Vietnam Working Group (Wood), FRUS, Vietnam, January-August 1963;

- Memorandum of Conference With the President, August 27,1963, Document 303, FRUS, 1961-1963, Volume IV, Vietnam, January-August, 1963;

- Memorandum of Conference With the President, August 28, 1963, FRUS, 1961-1963, Volume IV, Vietnam, August-December 1963;

- Memorandum of Conference with the President, October 29, 1963, FRUS, 1961-1963, Volume IV, Vietnam, August-December 1963;

- Memorandum for the Record of Discussion at the Daily White House Staff Meeting, November 1,1963, Document 263, FRUS, 1961-1963, Volume IV, Vietnam, August-December 1963;

- Telegram From the Embassy in Vietnam to the Department of State, Saigon, November 3, 1963, FRUS, 1961-1963, Volume IV, Vietnam, August-December 1963;

- Telegram From the Commander, Military Assistance Command, Vietnam (Harkins) to the Joint Chiefs of

Staff, Saigon, November 5, 1963, Document 295, FRUS, 1961-1963, Volume IV, Vietnam, August-December 1963;

- Memorandum From the Director of the Bureau of Intelligence and Research (Hilsman) to the Secretary of State, Washington, November 8,1963, Document 306, FRUS, 1961-1963, Volume IV, Vietnam, August-December 1963;

- Memorandum From the Chairman of the Central Intelligence Agency's Working Group on Vietnam (Cooper) to the Director of Central Intelligence (McCone), Washington, December 6, 1963, FRUS, 1961-1963, Volume IV, Vietnam, August-December 1963;

National Intelligence Estimates

- Probable Developments in Vietnam to July 1956, NIE 11 October 1955;

- The Prospects for North Vietnam, NIE 14 May 1957;

- Prospects for North and South Vietnam, NIE 26 May 1959;

- Short-term trends in South Vietnam, Special National Intelligence Estimate 23 August 1960;

- Outlook in mainland Southeast Asia, NIE 28 March 1961;

- Prospects for North and South Vietnam, NIE 15 August 1961, approved for release date: January 2005;

- Prospects in South Vietnam, April 17, 1963, NIE '53-'63, approved for release date: January 2005;

- The Situation in South Vietnam, Special National Intelligence Estimate 10 July 1963, approved for release date: Jan 2005;

Documenti della CIA

- Thomas L. Ahern, Jr., CIA and the House of Ngo: Covert Action in South Vietnam, 1954-63, Center for the study of Intelligence, Unclassified-Approved for release date: 19-Feb-2009;

- Thomas L. Ahern, Jr., CIA and Rural Pacification in South Vietnam, Center for the study of Intelligence, Unclassified-Approved for release date: 19-Feb-2009;

SITOGRAFIA

- http://www.gwu.edu/~nsarchiv/; sito del National Security Archive;

- http://www.state.gov/; sito del Dipartimento di Stato Americano da cui sono stati consultati i FRUS;

- http://www.jfklibrary.org/JFK/JFK-in-History/Vietnam.aspx, l'articolo consultato è: *"Vietnam-The Domino Theory"*;

- http://www.jfklibrary.org/JFK/JFK-in-History/Laos.aspx, l'articolo consultato è: *"Senator John F. Kennedy, US Senate, April 6, 1954"*, John F. Kennedy Presidential Library & Museum;

- http://www.globalsecurity.org/military/world/vietnam/rnv-af-strength.htm;

- http://www.associatedcontent.com/article/613667/failure_of_the_strategic_hamlet_program.html, l'articolo consultato è: *"Failure of the Strategic Hamlet Program During the Vietnam War"*, pubblicato il 21 Febbraio 2008;

- http://www.gwu.edu/~nsarchiv/NSAEBB/NSAEBB101/index.htm#1, l'articolo scritto da John Prados, *JFK and the Diem Coup*, posted November 5, 2003;

J.F. Kennedy e il Vietnam del Sud

J.F. Kennedy e il Vietnam del Sud